비주얼 머천다이징 &
디스플레이 디자인

고객을 끌어들이는 마케팅 디자인

차례
Contents

머리말

마케팅 분야에서 바라보는 디자인과 디자인에서 바라보는 마케팅에 대해 비주얼 머천다이징의 중심은 어디에 두어야 하는지를 이 책을 통해서 고민해보았다. 하루가 다르게 급변하는 유통 환경과 쉽게 변심하는 소비자들 사이에서 기업과 브랜드는 자신들의 모습을 다지고 드러내기 위한 여러 가지 방법을 모색하고 전진하고 있다.

비주얼 머천다이징은 기업과 브랜드의 상품 전략을 시각적으로 알리는 작업이며 이미지를 구축하여 소비자에게 오랫 동안 좋은 이미지와 신뢰로 기억되고 사랑받도록 도모하는 전략이자 전술이다. 마케팅과 디자인이 접목되어야 하는 분야이자 연결고리의 역할을 하기 때문에 이 책에도 기술된 바와 같이 마케팅 측면에서 진행해야 할 수직적인 비주얼 머천다이징과 디자인 측면에서 풀어가야 할 수평적인 비주얼 머천다이징에 대해 구체적으로 서술하였다.

유통 현장에서 일하다보면 마케팅 부서를 비롯하여 판매 촉진팀, 영업팀, 매장관리팀과의 협업을 통해 일관성 있는 비주얼 메시지가 나타나기에 수직적인 비주얼머천다이징의 효과가 나타난다. 그래서 디자인의 비전문가일지라도 함께 머천다이징의 전략을 공유하며 상품프레젠테이션을 염두 하여 부서 간의 협업을 해야 함을 강조하게 된다.

또한 고객과의 접점인 매장에서 표현되는 수평적 비주얼 머천다이징은 디자인 분야 간의 협업이 매우 중요하다. 그래픽 디자인과 인테리어 디자인, 그리고 디스플레이 디자인 간의 업무와 디자인이 함께 어우러지면 동일하고 일관된 비주얼 메시지가 나타나게 되고 선순환 구조의 틀 속에서 디자인이 창출되게 된다. 간혹 비주얼 머천다이징을 디스플레이 디자인으로 국한지어 그 역할과 역량을 축소하는 경우가 있다. 본 책에서는 그래픽 디자인은 비주얼 아이덴티티를 정립하고 인테리어 디자인은 브랜드다운 공간을 만들어서 스토어 아이텐티티를 만들어 내고 디스플레이 디자인은 상품의 가치를 표현하고 제시하는 등 각 디자인 파트에서의 역할과 업무가 통합적인 디자인 차원에서 이루어져야 함을 강조하며, 현장의 유통 전문가들에게는 지침서로, 전문가를 꿈꾸는 이들에게는 전공서로 활용되기를 기대한다.

강희수

비주얼 머천다이징이란?

마케팅(Marketing)과 디자인(Design)은 이 시대의 키워드이다. 어떤 기업이든 탁월한 마케팅과 디자인을 통해 훌륭한 브랜드(Brand)를 얻고 싶어 한다. 브랜드는 마케팅과 디자인의 협업을 통한 산물이다. 또한 기업을 대표하는 이미지이며 정체성이고 남과 다름을 대표하는 상징이다. 브랜드(Brand)는 노르웨이의 'Brandr'에서 유래된 용어로 자신의 소유인 가축들을 식별하기 위해 불에 달군 인두를 가축의 몸에 지져 표시한 것에서 유래되었다고 전해진다. 오늘날 수많은 브랜드는 기업과 상품(Goods & Service)을 단지 식별하기 위한 표시라기보다 유통 경쟁에서 살아남기 위한 전략이며 기업

의 철학을 상징하는 무형의 이미지와 유형의 상징물의 결합
이라고 할 수 있다.

그럼, 어떻게 브랜드를 나타낼 것인가? 이러한 문제 의
식에서 비롯된 것이 비주얼 머천다이징이다. 비주얼 머천
다이징은 머천다이징의 시각화이다. 비주얼(Viusal)은 '시각
의' '눈에 보이는' '보기 위한 것'이라는 의미가 있다. 머천다
이징(Merchandising)은 기업의 마케팅 목표를 실현하기 위해
특정 상품과 서비스를 시장에 내놓을 때 따르는 계획을 말
한다. 머천다이징의 역할을 살펴보면, 상품 기획을 통해 고
객이 원하는 상품을 적절한 시기(Time)와 가격(Price), 장소
(Place)에서 효율적으로 받을 수 있도록 상품을 대표하는 브
랜드의 아이덴티티(Brand Identity)를 부여하고 유통 과정을
거쳐 소비자와 상품의 만남이 이루어지는 구매 시점(Point of
Purchase)인 매장을 통해 그 상품이 소비자에게 최대한 어필
될 수 있도록 제안하고 판매를 도모하는 것을 말한다.

머천다이징의 요소 중 구매 시점(Point of Purchase)에서 실
제적인 역할을 하는 것이 비주얼 머천다이징이다. 이러한 머
천다이징에 비주얼이 결합된 비주얼 머천다이징의 역할은
상품을 대표하는 브랜드를 소비자에게 강하게 호소하여 좋
은 이미지를 심어주며, 상품의 시각적이고 효과적인 연출로
고객의 시선을 집중시켜 강한 구매 욕구를 불러일으킴으로

써 판매율을 극대화하는 중요한 부분을 담당한다. 또한 판매 공간에서 상품을 소비자에게 제안하는 중요한 커뮤니케이션 역할을 하며, 고객에게 쾌적하고 편안한 쇼핑 공간으로의 실내 공간 계획과 상품 연출 제안이 시각적으로 고객에게 전달될 때 고객의 구매 욕구를 상승시킬 수 있는 마케팅의 역할을 갖고 있다.

비주얼 머천다이징의 등장 배경

비주얼 머천다이징은 1970년대 후반에서 1980년대 초반 미국 백화점에서 판매실적 저조로 인해 머천다이징 본래의 의미로는 해결되지 않아서 블루밍 데일즈백화점에서 점포 차별화 전략으로 도입하기 시작했다. 1976년 미국 소매업 협회가 비주얼 머천다이징이라는 책을 출판하면서 본격적인 활동이 시작됐다. 1979년 1월 21일 「뉴욕 타임스」에 실린 비주얼 머천다이징에 대한 기사를 보면 '비주얼 머천다이징은 연극 같은 기술을 사용하여 유혹된 고객들로 매장이 활기를 띄우는 중요한 방법이며 경쟁의 시대에 살아남기 위한 수단'으로 소개하고 있다.

뉴욕 타임스 기사, 1979. 1   블루밍 데일즈 백화점 전경

국내에는 1980년대 후반 일본 디스플레이 업계를 통하여 도입하게 되고, VMD라는 축약된 용어를 사용하면서 국내 대형 백화점에서부터 비주얼 머천다이징을 적용하기 시작했다. 국내 백화점은 일본식 백화점과 동일한 시스템과 머천다이징을 갖추었기 때문에 미국식 백화점의 머천다이징의 시스템에 적용한 비주얼 머천다이징과는 전략과 표현 방법이 달랐다. 또한 처음 도입된 분야가 디스플레이 디자인 영역이어서 비주얼 머천다이징의 전체적인 맥락에서 진행되기보다는 디스플레이 영역에 해당되는 일부분에서 전개되었다. 주로 백화점의 얼굴이라고 할 수 있는 쇼윈도를 중심으로 매장의 포컬 포인트(Focal Point)인 에스컬레이터 상·하행선 입구에 위치한 스테이지와 조닝별 대표 포컬 포인트 부위인 VP(Visual Presentation)와 PP(Point of Sale Presentation)에 시즌 테마 디스플레이(Season Theme Display)를 통해 비주얼 머천다이징을 전개했으며, 매력적인 매장 만들기라는 목적으

로 비주얼 머천다이징을 실현했다. 다른 한편으로 백화점과는 달리 1980년대 후반 대거 등장한 패션 NB(National Brand)들이 동종업계 브랜드 간의 경쟁을 위한 모색의 일환으로 비주얼 머천다이징을 도입해서 브랜드 아이덴티티를 통해 독창적이고 차별화된 전략으로 활용하게 되었다.

다양한 상품 브랜드들 중에서 패션기업 브랜드들이 판매 경쟁의 전략으로 비주얼 머천다이징을 적극 활용하고 있으며 다른 업종보다 그 중요성을 강조하여 적극 활용하고 있다. 패션 브랜드들도 초창기에는 백화점처럼 쇼윈도 위주의 디스플레이 디자인 위주로 표현을 하였으나 실제적으로 로드 숍 간의 경쟁이 치열해지면서 브랜드를 알리고 주목을 끌 수 있는 디자인에 심혈을 기울이게 되었다. 로드 숍 간의 경쟁은 매장 외관 정면에 해당하는 파사드에서 시작된다. 파사드는 브랜드의 얼굴이며 브랜드 아이덴티티를 보여주는 곳으로 건물 외관 디자인에서부터 간판, 쇼윈도 등을 통해 브랜드를 알리는 최선봉에 나서게 된다.

브랜드를 나타내는 디자인작업은 브랜드의 이미지를 시각화하는 CI(Corporate Identity)의 정립과 BI(Brand Identity)의 기본 시스템을 토대로 매장의 SI(Store Identity)를 실현하는 작업으로 비주얼 머천다이징을 전개하게 된다. 유통 전문가들은 비주얼 머천다이징이란 '브랜드다운 매장 만들기'라는

롯데 영플라자 주야간 파사드(Facade, 건축물의 주된 출입구가 있는 정면부)

인식을 하게 되고 브랜드 간의 무한 경쟁에서 살아남기 위한 전략과 전술로써 중요성을 인정받게 된다.

국내에서 비주얼 머천다이징을 처음 도입한 업태는 백화점이지만 비주얼 머천다이징의 전략을 전체적인 맥락에서 활용한 업태는 패션기업들의 NB라고 할 수 있다. 1988년 서울 올림픽을 기점으로 편의점의 등장과 1990년대 초부터 유통시장의 개방화로 인한 외국 창고형 할인점의 대거 진출은 국내 유통시장의 판도를 바꾸고 명확한 콘셉트 포지션으로 자리매김을 했다. 백화점은 더욱 고급을 지향하게 되었고, 외국형 대형 할인점에 대응해 국내 대형 마트까지 출현하면서 저렴한 가격 정책인 EDLP(Every Day Low Price)로 판매하는 유통 업태가 지역별 체인화 되었다.

1990년 중반부터 TV매체를 통한 새로운 온라인 유통채널인 홈쇼핑이 등장하면서 오프라인 위주의 유통 업태들은

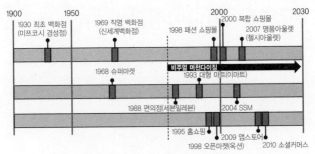

국내 유통 업태 역사와 비주얼 머천다이징 도입 시기

독자적인 상품 전략과 고객 모으기에 심혈을 기울이게 되었다. 2000년대에 들어와서 온라인 쇼핑 전용몰과 오픈 마켓, 소셜 커머스가 나타나고, 2009년 이후 스마트폰의 등장으로 모바일 앱 쇼핑 공간의 연이은 출현으로 초경쟁의 유통 전쟁이 일어나고 있다. 각각의 브랜드마다 오프라인 매장과 온라인 채널을 병행하며 판매를 극대화하는 시점에서 유통 업태의 특성에 맞는 비주얼 머천다이징의 전략도 다양해지고 특색 있게 전개되고 있다.

현재는 다양한 유통 업태와 패션 전문 브랜드가 각자의 차별화된 고객유치 전략으로 활용하고 있다. 시대적인 변화를 거치면서 전통적인 유통 업태뿐만 아니라 생성된 신업태들도 각각의 머천다이징과 브랜드 이미지의 콘셉트에 맞춰 차별화되고 독자적인 비주얼 머천다이징을 진행하고 있다.

비주얼 머천다이징의 분야

　비주얼 머천다이징이 등장한 배경과 그 취지를 보면 경쟁이 심한 유통 환경에서 살아남기 위해 모색한 전략이라고 볼 수 있다. 이제는 기업과 브랜드에서 자기만의 아이덴티티를 구축하기 위한 시스템이 필요하기 때문이다. 이러한 유통 환경에서 상품을 취급하는 회사들의 유형을 보면, 크게 물건을 만들어서 판매하는 제조업체와 제품을 매입하여 판매하는 유통업체로 구분된다. 따라서 상품을 기획해서 생산과 제조를 겸비하는 머천다이징 체제인 제조업 머천다이징과 상품을 판매하는 장소를 중심으로 상품을 매입하여 상품 구색에 기본을 둔 유통업 머천다이징으로 구분된다. 제조업 머천다이징의 중심적 업무는 제품의 연구와 개발, 시장 도입활동 등이 해당하고 다른 명칭으로 어패럴(Apparel) 머천다이징이라고 한다. 어패럴은 주로 패션 회사를 지칭하였으나 물건을 제조하는 회사를 총칭하고 있다. 상품을 대표할 수 있는 브랜드를 만들고 상품의 인지도를 높이기 위해서 상품 기획 단계부터 상품 판매까지의 모든 프로세스를 어패럴에서 담당하는 체제이다. 유통업 머천다이징은 상품 흐름의 최종단계인 매장을 중심으로 상품 매입과 구색을 갖추는 업무를 하는 머천다이징으로, 리테일(Retail) 머천다이징이라고 말한다. 리테일은 소매를 뜻하는 외래어로 유통업 머천다이징은 소매점을 중심으로 활동하는 머천다이징이다. 이와 같이 머천다이징의 유형에 따라 비주얼 머천다이징도 크게 제조업 중심의 비주얼 머천다이징과 유통업 중심의 비주얼 머천다이징으로 구분할 수 있다.

　제조업 비주얼 머천다이징은 기획 단계에서부터 상품과 연관된 브랜드 아이덴티티의 수립에 따라 기획, 생산, 유통, 영업, 판매에 이르기까지 브랜드를 부각시키고 강한 이미지를 나타내는 비주얼 머천다이징을 진행한다. 주로 패션성이 강한 브랜드와 외식업 프랜차이즈 업계에서 많이 활용하고 있다. 특히 상가 밀집 지역에 수많은 브랜드의 로드 숍을 보면 타 브랜드와의 경쟁 방안으로 비주얼 머천다이징을 효과

	유통업 비주얼 머천다이징	제조업 비주얼 머천다이징
공통점	브랜드 시그널(브랜드명, 로고타입, 전용 컬러, 시그니처, 점포 디자인, 상품 디스플레이, 판촉 활동, ISP) 등으로 독자적이고 차별화된 비주얼 작업으로 진행	
차이점	점포를 중심으로 특정파워 시그널 (점포 디자인, 상품 디스플레이, 판촉 활동, ISP)을 정해서 타 업태 간의 차별화를 꾀함	B를 중심으로 단일 업종과 관련 업종 간의 브랜드 차별화를 꾀함

비주얼 머천다이징 분야

적으로 활용한다.

유통업 비주얼 머천다이징은 상품을 판매하는 유통업의 특성에 따라 차별화된 비주얼 머천다이징의 역할을 볼 수 있다. 유통 업태 특성을 결정하는 요소들은 상품 콘셉트와 구색, 가격 정책과 판매 방식, 점포 규모와 시설, 접객 서비스 등으로 이와 같은 요소들의 차이에 따라 유통업의 특성이 구분된다. 백화점, 명품관, 면세점, 대형 마트, 편의점, 패션 쇼핑몰, 전통시장 등이 대표적인 유통 업태이고 이러한 업태는 머천다이징의 체제에 따라 각각 차별화된 비주얼 머천다이징을 전개하고 있다.

유통업 비주얼 머천다이징은 특히 취급하는 상품들의 질과 내용면에서 고급지향과 대중지향으로 구분할 수 있다. 고품격 비주얼 머천다이징을 하는 업태들은 백화점, 명품관,

명품아울렛, 면세점 등과 같은 유통 업태로써 VIP 마케팅을 기반으로 최고급의 상품과 서비스, 품격 있는 쇼핑을 조성하며 고객이 대접받고 있다는 인식을 심어주는 전략을 펼치고 있다. 브랜딩 시그널이 강한 상징성을 부여하고 감성적이며 연출적인 표현과 장식을 대표로 하는 비주얼이 특징이다. 휴먼 터치 서비스(human touch service)방식을 통해 많은 상품을 다루지 않고 전시적인 방법으로 표현한다. ISP(In Store Promotion)활용에 있어서도 특정 이벤트나 세일 기간을 제외하고 상시적인 판매 기간에는 POP(Point of Purchase Advertising:구매시점 광고)를 최대한 적게 사용한다.

대중지향 유통 업태는 대형 마트와 편의점, SSM(Super Super Market), 카테고리 킬러(category killer: 백화점이나 슈퍼마켓 등과 달리 상품 분야별로 전문 매장을 특화해 상품을 판매하는 소매점) 등이 있다. 매스 마케팅(불특정 다수를 대상으로 상품을 선전하거나 판매를 촉진하는 행위)과 저가격 정책을 업태 전략으로 삼는 곳은 생필품을 주로 취급하는 유통 업태이다. 편리하고 원활한 쇼핑 환경과 저렴한 가격 정책에 따른 풍부한 상품 구색을 갖춰 고객들이 쉽게 상품을 인식하고 신속하게 쇼핑을 유도하는 전략을 내세우고 있다. 표현 방법은 가시성과 명시성이 강한 비주얼로 강렬한 색상과 문구를 많이 활용한다. 셀프 서비스(self service) 판매 방식으로 상품 디스플레이도 소

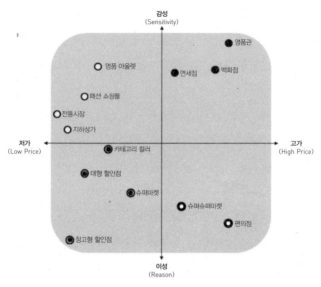

업태별 비주얼 머천다이징 포지션

포지션 구분	● 감성+고가	○ 감성+저가	◉ 이성+고가	◑ 이성+저가
머천다이징 매입방식	특정 매입	직 매입 자체 매입	직 매입	직 매입
판매서비스 방식	휴먼터치 서비스	휴먼터치 서비스	셀프 서비스	셀프 서비스
비주얼 머천다이징 콘셉트	최고급 품격 VVIP 마케팅	최고급 품격 VIP 마케팅 전통적 지역밀착형	대중성 매스 마케팅	대중성 현대적 지역밀착
디스플레이 디자인 콘셉트	고급스러운 분위기 + 장치장식 상징성 오브제	고급스러운 분위기 + 패션성 오브제	대중적인 분위기 + 인스토어 프로모션	대중적인 분위기 + 인스토어 프로모션

비자들이 쉽게 상품을 찾고 선택이 편리하도록 다량의 상품을 갖추어 일련의 디스플레이 기준을 정해 정리 정돈하여 이성적이고 명쾌하게 표현한다. POP의 활용도 현수막, 배너, 포스터, 쇼 카드 등 다양한 종류들로 설명적이고 호소력 있게 판매를 위해 적극적으로 활용한다.

이와 같이 업태들의 전략에 따라 비주얼 머천다이징도 뚜렷이 구분된다. 브랜딩 시그널 중에서도 파워 시그널인 점포 인테리어·환경·판매 서비스 방식 등에 따라 상품 디스플레이와 ISP의 차이가 있기 때문에 그에 따른 비주얼 머천다이징도 뚜렷하게 구분된다.

비주얼 머천다이징의 목적

비주얼 머천다이징의 목적은 일본 비주얼 머천다이징 협회의 정의를 통해 알 수 있다. '기업이나 브랜드의 독자성을 표현하면서 타 기업과의 차별화를 위해 유통에서 상품을 비롯한 모든 시각적 요소를 관리하는 활동'을 말한다. 상품과 서비스만으로는 더 이상 경쟁력을 갖기 어려운 현실에서 비주얼 머천다이징의 목적은 급변하는 유통 환경에서 치열한 경쟁 구도의 우위에 서기 위해 유통 업태와 전문 브랜드마다 정체성을 갖고 고객의 사랑을 끊임없이 받기 위해 독자성과 차별화를 갖추기 위한 전략이며 오감을 활용해 가시적으로 표현하는 전술이다.

독자성과 차별화를 갖추기 위해서는 다음과 같은 전략과 활동이 요구된다. 첫 번째는 이미지 아이덴티티(Image Identity) 수립이다. 현대사회는 제품과 인력, 품질과 능력이 상향 평준화되고 있다. 이러한 상황에서 중요한 선택을 결정하는 것은 이미지이며, 자신의 이미지를 관리하기 위해서는 자신의 개성을 발견하고 키워서 뚜렷한 정체성을 만들어가야만 한다. 현대 소비자들의 구매 성향은 상품을 구매하는 것이 아니라 상품과 브랜드 이미지를 구매한다. 브랜드의 이미지가 곧 소비자 자신의 지위와 라이프 스타일을 대변한다고 여기기 때문이다. 고객의 마음속에 한 번 만들어진 이미지는 쉽게 바뀌지 않으므로 고객과 공감할 수 있는 이미지를 만드는 것이 무엇보다 중요하다.

이미지는 비가시적인 요소이기 때문에 이를 가시화시키는 것이 비주얼 머천다이징 작업의 첫 단계이다. 즉, CI와 BI의 기본시스템을 만들고, 매장의 파사드부터 인테리어집기, 디스플레이, 패키지, 유니폼 등을 응용 시스템에 적용하여 전개해야 한다.

두 번째, 즐거운 쇼핑 분위기를 조성하는 것이다. 즐거운 쇼핑은 매장에서 쇼핑하는 동안 고객이 느낄 수 있는 여러 과정을 통해 나타난다. 교통이 편리한 입지 조건은 말할 것도 없고 일상 생활의 탈출구와 같은 쾌적하고 아름다운 매장환경을 통해 쇼핑의 즐거움과 감동이 따라야 한다. 보는 즐거움, 고르는 재미, 흥겨운 음악과 함께 선택의 기쁨을 주기 위한 매장 시설을 완비하고 매력적인 디스플레이를 통해 즐거운 쇼핑 분위기를 조성해주는 것이다. 같은 상품이라도 특정 브랜드 매장을 찾아가 사고 싶어지는 이유는 이러한 시설과 분위기에 좌우되는 것이다.

쇼핑 분위기를 조성하는 것은 구매를 촉진하는 활동으로 고객의 오감을 최대한 자극할 수 있는 요소들로 구성하여 변화에 민감한 고객들을 만족시켜야 한다. 현대 고객들은 금세 새로운 환경에 적응하고 익숙해져서 더 나은 환경이 생기면 바로 돌아서버리는 쇼핑행태 때문에 끊임없이 유행에 앞서 나가야 하고 새로운 매장 환경을 제시하여 즐겁고 재미를 느끼는 쇼핑 분위기를 조성해야 한다.

세 번째, 편리하고 신속한 구매와 판매를 유도해야 한다. 일상적인 생필품을 구입하는 것부터 장식품에 이르기까지 쇼핑은 수많은 선택과 판단의 연속이며 반복적인 행위이기 때문에 상품 선택의 신속성은 고객이 원하는 속성 중 하나이다. 매장에서 판매자가 고객에게 접근할 때 타이밍이 중요하다. 쇼핑 중에 웬만해서 말을 건네지 않는 것을 판매 원칙으로 삼을 정도로 고객은 스스로 상품을 선택하고 평가하는 자율성과 자유로운 쇼핑을 원하기 때문에 상품이 쉽게 보이고 선택할 수 있는 환경으로 조성하는 것이 요구된다. 또한 판매자 입장에서는 작업의 효율성을 고려하여 상품을 적재적소에 두어 언제 어디서나 고객에게 신속하게 대응할 수 있는 서비스 환경을 조성해 주어야 한다.

네 번째, 일관성이 있는 메시지를 나타내야 한다. 실질적인 판매에서 일관성을 나타나지 않으면 고객들은 혼란스러워서 기업과 브랜드에 대해 저평가하게 된다. 광고와 판촉을 통해 고객들에게 인지된 사항들이 매장에서 일치된 비주얼을 보여주고 메시지를 전달하면 고객은 해당 기업이나 브랜드에 강한 인상과 신뢰감을 갖게 된다. 고객에게 동일한 메시지와 비주얼로 머천다이징부터 인스토어 프로모션까지 전사적인 시스템을 통해 독자성과 차별화를 나타내는 모습이야말로 비주얼 머천다이징의 목적이자 고객 만족 향상과 고수익 매출로 연결되는 것이다.

비주얼 머천다이징의 시스템

상품 경쟁이 심화된 유통 환경에서 상품을 판매하는 마켓에 대한 비중이 높아지고 있다. 머천다이징은 해당 업체의 특성에 따라 상품을 갖추고 이에 적합한 서비스를 제공하며 적절한 소비자 가격을 책정하여 오프라인과 온라인을 통해 적정한 장소에서 판매 시점에 맞추어 상품을 제공하는 구조이다. 매장을 중심으로 한 비주얼 머천다이징은 머천다이징에서 중요한 파트로써 자리매김하게 되었다.

머천다이징의 정의는 상품 기획에 관점과 매장에 관점을 둔 정의로 구분된다. 상품 기획에 관점을 둔 정의는 머천다이징을 바탕으로 어떻게 고객에게 상품을 제안할 것인가를 미리 계획하는 전략 시스템을 말한다. 매장에 관점을 둔 정의는 매장의 중심인 상품을 비롯하여 인테리어, 디스플레이, 판촉, 접객 서비스 등 제반 요소들을 시각적으로 구체화하여 점포 이미지를 고객에게 인식시키는 표현 전략을 말한다. 유통업 비주얼 머천다이징은 매장을 중심으로 기반을 둔 비주얼 머천다이징이다. 그러나 머천다이징의 정의에 맞추어 비주얼 머천다이징을 제대로 실행하기 위해서는 '상품 기획 단계에서부터 어떻게 소비자에게 상품이 전달될 것인가' 하는 관점과 '어떠한 표현 전략으로 소비자의 마음을 사로잡을 것인가' 하는 두 개의 관점을 바탕으로 비주얼 머천다이징의 전략을 세우고 전개하는 것이 바람직하다.

'머천다이징을 성공하기 위해서는 상품 프레젠테이션을 훌륭히 이해하고 매입 부서와 협력하여 매입 상품을 제공, 전시, 판매하는 방법을 사용해야 한다'는 미국 소매협회의 정의에 의거해 비주얼 머천다이징 시스템을 구체화할 수 있다. 최종적으로 고객의 구매시점(Point of Purchase)인 매장에서 성공적인 상품 프레젠테이션을 행하기 위해서는 기업이나 브랜드의 전사적인 차원에서 협업 시스템으로 진행되어야 한다. 대체로 비주얼 머천다이징은 머천다이징 프로세스의 최종 단계에서 진행되는 기술로 인식하여 디스플레이와 혼동하여 그 활동 영역을 제한하고 있다. 그러나 비주얼 머천다이징의 근본 취지는 '상품을 만들거나 판매할 때부터 과연 어떻게 소비자에게 보여줄 것인지'에 관한 고객과의 커뮤니케이션을 비주얼 머천다이징의 최고 관심사로 본다.

비주얼 머천다이징 시스템은 수직적 비주얼 머천다이징과 수평적 비주얼 머천다이징으로 구성된다. 수직적(Vertical) 비주얼 머천다이징은 머천다이징 과정의 첫 단계부터 최종 단계인 매장 전개까지 수직적으로 관리(Management)하는 기술 체계를 뜻한다. 수평적(Horizontal) 비주얼 머천다이징은 매장을 통해 소비자에게 브랜드 정체성과 상품 전개를 통해 스토어 아이덴티티(SI: Store Identity)를 확립하고 상품프레젠테이션(VMP: Visual Merchandise Presentation)으로 총체적인 연

수평적, 수직적 비주얼 머천다이징 시스템

출 기술 체계를 뜻한다. 다시 말해서 비주얼 머천다이징의 시스템은 매장을 중심으로 한 상품 전개의 관리 체계로의 수직적 비주얼 머천다이징과 스토어 디자인을 비롯한 상품 프레젠테이션과 관련된 디자인 시스템으로 구성된 수평적 비주얼 머천다이징으로 형성된다.

수직적 비주얼 머천다이징과 수평적 비주얼 머천다이징을 통한 각각의 효과를 보자. 먼저, 수직적 비주얼 머천다이징의 효과는 상품 기획을 할 때 소비자의 구매 의사에 따른 상품 기획으로 정밀도가 향상되고 불필요한 물품과 비품 구입비, 인건비 등의 제반 비용을 감소시킨다. 또한 매장에서의 상품 입점부터 진열, 재고 조사, 반품 처리까지 일련의 실제적인 매장 업무량이 줄어든다. 판매원들의 업무가 줄어들면 그만큼 고객에 대한 판매 서비스의 집중도가 높아지게 되고 고객은 충분한 서비스를 받게 되어 브랜드에 대한 신뢰도가 자연스럽게 높아진다.

수평적 비주얼 머천다이징의 효과는 독창적이고 개성 있는 쇼핑 환경을 조성하게 되어 브랜드의 차별화를 도모하게 된다. 쇼핑 환경을 조성하는 전략과 전술은 고객의 감성과 이성을 자극하여 감동적인 쇼핑 경험으로 이끌어주어야 한다. 감성을 거치지 않으면 이성에 닿지 않는다고 한다. 수평적 비주얼 머천다이징은 고객의 감성에 호소하고 고객의 주의를 끌어들일 수 있는 상품 연출과 상품이 있는 곳을 쉽게 파악할 수 있는 상품 배치와 진열을 통해 고객의 이성적이고 논리적인 의사결정으로 유도한다.

비주얼 머천다이징의 전개

쇼핑의 과정은 감성을 거쳐 이성에 도달하게 된다. 감성 위주의 표현에 치중된 업태들과 이성 위주의 표현에 치중된 업태들은 어느 부분을 더 비중 있게 전개하느냐에 대한 관점의 차이가 있을 뿐 비주얼 머천다이징의 전개 방식은 감성과 이성의 조화로운 전개를 지향한다.

비주얼 머천다이징 시스템 중 수평적 비주얼 머천다이징은 크게 이성적인 부분과 감성적인 부분으로 구분하여 전개된다. 앞서 비주얼 머천다이징 분야에서 업태의 특성에 따른 포지셔닝에서도 나타났듯이 상품 구색과 가격 정책, 판매 서비스 방식 등에 따라 업태나 브랜드의 머천다이징 콘셉트와 전략의 방향이 매장을 통해 표현된다. 이성적인 부분에 치중해서 매장과 상품을 전개하는 대표적인 업태는 대형 마트와 슈퍼마켓, 편의점 등이 해당한다. 감성적인 전개는 브랜드와 상품의 콘셉트에 맞춰 인테리어 디자인의 스타일과 마감재,

비주얼 머천다이징의 감성적인 전개

비주얼 머천다이징의 이성적인 전개

컬러 등을 브랜드답게 조성하고 매장 내 포컬 포인트(Focal Point) 부위인 VP(Visual Presentation)에 매력적이고 드라마틱한 연출부터 조명 효과에 이르기까지 총체적으로 오감을 살려서 표현하는 연출 체계를 통해 표현된다. 주로 고급스러운 패션 상품과 장식품을 판매하는 고가 패션 브랜드, VIP 마케팅을 펼치는 명품관, 백화점과 전문 패션몰에서 지향하는 전개 방식이다.

이성적인 전개의 특징은 곤돌라를 중심으로 엔드(end) 진열을 통해 카테고리별로 분류된 상품 진열로 쉽게 이어지도록 한 명쾌한 분류와 박진감 있는 진열에서 비롯된다.

이러한 이성적인 전개를 하는 업태들의 공통적인 판매 방식은 셀프 서비스 방식이다. 셀프 서비스로 운영하는 매장에서는 고객으로 하여금 상품에 대한 접근을 쉽게 유도하고 상품을 선택할 때 고객 스스로 상품에 대한 이해와 구매 확신을 도모하기 위해 상품 배치와 상품 진열 위치, 그리고 상품에 대한 정보 제시가 명확하게 전개되어야 한다. 바로 논리 정연한 매장 시설이 이성적인 비주얼 머천다이징의 특징이다.

감성과 이성적으로 조화롭게 전개하는 브랜드 중에서 글로벌 홈퍼니싱 브랜드인 이케아(IKEA)를 대표적인 사례로 꼽을 수 있다. 스웨덴의 국기 컬러인 노랑과 파랑을 브랜드의 전용 컬러로 사용하여 파사드(facade)부터 단번에 이케아에 대한 강한 인상을 준다. 또한 감성적이고 이성적인 매장 전개와 상품프레젠테이션으로 인해 전 세계적으로 고객의 사랑을 받고 있다. 이케아 매장은 크게 쇼룸(showroom)과 디스플레이형 매장, 그리고 창고형 매장으로 구성되어 있다. 이케아 매장은 매장 진입에서부터 쇼핑의 최종 구매 과정까지 독특한 매장 구성으로 고객의 동선을 유도한다. 처음에 매장으로 들어서면서 쇼룸을 접하게 된다. 쇼룸은 침실, 거

이케아 전경 파사드

실, 서재, 아동방, 주방 등 용도별로 구분되어 있고 고객의 취향별 쇼룸에서 상품을 구경할 수 있다. 쇼룸에 전시된 상품들은 모두 이케아 상품들로만 배치하고 코디네이션 되어 있다. 실제 주거 공간이 그대로 재현되어서 아이쇼핑(eye shopping) 고객의 감성을 자극하며 충분한 경험적 쇼핑을 통해 구매 의욕을 불러일으킨다.

쇼룸에서 충분한 아이쇼핑을 하고서 최종적으로 디스플레이 매장과 창고형 매장에 도착하여 셀프 셀렉션(self selection) 방식으로 구매로 연결하는 매장 레이아웃과 동선으로 인해 감성과 이성이 조화로운 쇼핑 과정을 거치게 된다. 아이쇼핑을 통해 자칫 충동 구매를 유발한다고 생각할 수 있지만 쇼룸을 보면서 구매할 품목에 대한 정보와 가격에 대해 충분히 검토한 후에 디스플레이 매장과 창고형 매장에 와서 카테고리 별로 상품 분류가 잘 된 진열 코너에서 박스 포장 상태의 상품을 구매하고 최종적으로 계산대에서 상품 값을 지불하는 일련의 원스톱 쇼핑 과정을 거치게 된다. 감성적 전개를 한 쇼룸은 고객들이 디스플레이된 모든 제품

이케아의 감성적인 전개 방식

이케아의 이성적인 전개 방식

을 자연스럽게 체험하면서 오감을 자극하여 쇼핑의 즐거움을 갖게 해주며, 이성적 전개를 한 디스플레이 매장과 창고형 매장은 매장에서 상품을 신속하고 편리하게 찾을 수 있게 하므로 상품을 카트에 넣기까지 망설임 없이 계획된 구매에 이르도록 해준다. 판매원을 의식하며 쇼핑해야 하는 다른 브랜드의 매장과는 대조적으로 비교가 되며 오히려 편안하고 계획된 쇼핑경험을 갖게 해준다.

비주얼 머천다이징의 구조

  비주얼 머천다이징의 구조는 수평적 비주얼 머천다이징
의 구성 요소들을 기반으로 '매장의 콘셉트와 의도를 어떻게
전달할 것인가'에 해당하는 커뮤니케이션 부분과 '상품의 판
매 포인트를 어떻게 효과적으로 제시할 것인가'하는 비주얼
부분으로 이루어져 있다. 비주얼 부문과 머천다이징 부문인
두 개의 축을 통해 구조를 파악해 볼 수 있다. 비주얼 부문은
커뮤니케이션과 마그네틱의 역할로 구분된다. 커뮤니케이션
의 가시화 작업은 기업이나 브랜드의 정체성을 확립하는 중
요한 작업으로 브랜드의 정체성이 분명할수록 소비자들은
브랜드를 쉽고 신속하게 인식한다.

  브랜드의 정체성은 그 브랜드가 지향하는 가치의 총합이
다. 이러한 브랜드의 가치를 무형에서 유형으로 전환하기 위
해 기업이나 브랜드를 대표하고 상징할 수 있는 비주얼 작
업이 요구된다. 이러한 비주얼 작업을 기업 아이덴티티 프
로그램(CIP: Corporate Identity Program) 또는 브랜드 아이덴티
티 프로그램(BIP: Brand Identity Program)이라 한다. 이와 같은
프로그램의 기본 시스템에 해당하는 요소는 로고타입(Logo
Type), 심볼마크(Symbol Mark), 워드마크(Word Mark), 전용 컬
러, 전용 서체, 캐릭터, 마스코트, 시그니처(Signature) 등이 있

다. 이와 같은 기본 시스템은 기업이나 브랜드와 고객 간의 커뮤니케이션 매개체가 된다. CIP나 BIP의 기본 시스템을 응용해서 매장 익스테리어(exterior)와 인테리어, 집기, 유니폼, 쇼핑백 등에 적용하여 스토어 아이덴티티(Store Identity)를 구축한다. 매장의 익스테리어에서 대표적인 적용 부위인 파사드(Facade)는 기업의 자사 브랜드의 이미지를 내세우고 브랜드와 상품, 이벤트 정보 제공의 역할을 하므로 브랜드 이미지를 대표하는 공간이다. 자사 브랜드와 경쟁 브랜드 간의 콘셉트와 이미지를 차별하고 브랜드를 강하게 인식시켜 주며 신속하게 브랜드를 인지할 수 있는 대표적인 영역이며, 스토어 아이덴티티의 대표성을 띄운다. 파사드의 구성 요소인 사인보드(Sign-Board), 어닝(Awning), 배너(Banner) 등에 BI 요소를 적용하여 고객과의 커뮤니케이션을 원활하게 해준다.

비주얼 부분의 마그네틱 효과는 AIDCA법칙에서의 첫 단계인 주목에서 발휘한다. AIDCA법칙이란 주목(Attention)하고, 흥미(Interest)를 가지며, 욕망(Desire)을 느끼고, 확신(Conviction)하며, 행동(Action)으로 이어지는 일련의 쇼핑 과정을 말한다. 매장의 대표 포컬 포인트인 쇼윈도와 매장 내 상품연출 영역인 VP와 PP에서 고객의 시선을 끌어내는 AIDCA법칙의 첫 단계인 주목에서 나타난다. 어느 매장이

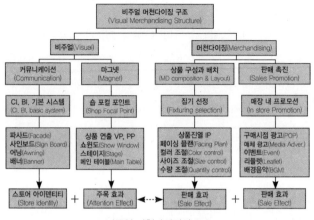

비주얼 머천다이징의 구조

나 매출이 좌우되는 부분은 얼마나 오랫동안 고객이 매장에 머무르는 가와 매장 곳곳을 돌아다니며 많은 상품을 접했느냐에 달려 있다. 매장 곳곳에 마그네틱 부분인 포컬 포인트를 배치하여 고객이 장시간 매장에 머물러서 두루 다니며 노출된 상품에 자주 시선이 머무르도록 표현하는 것이 비주얼 부분에서 중요한 포인트이다.

머천다이징 부분은 상품 구성과 배치, 그에 따른 집기의 배치, 해당 집기 내의 상품 진열과 판매 촉진의 요소들을 적용하는 것이 해당된다. 매장 내에서 브랜드의 머천다이징 콘셉트와 특징에 맞춰 상품 구성과 배치가 진행된다. 또한 판매 방식이 휴먼 터치 서비스나 셀프 서비스인가에 따른 판매 방식과 감성적인 전개와 이성적인 전개 방식의 비중에 따라 다르게 표현된다. 머천다이징 부문의 판매 촉진(Sales Promotion)부문은 각종 POP와 광고, 이벤트, BGM(Back Ground Music) 등 오감을 통한 공감각의 활용으로 활기찬 매장 분위기를 조성하여 판매 효과를 높일 수 있다.

비주얼 머천다이징의 디자인 영역

비주얼 머천다이징 구조에서 비주얼 부문과 머천다이징 부문으로 구분한 요소들을 실제로 가시화하는 방법은 디자인이다. 브랜딩은 기업과 브랜드의 연상 작용을 일으키는 시그널을 만드는 일이다. 브랜딩 시그널은 상품명 또는 점포 대표명, 로고타입, 전용 컬러, 이미지, 판촉 활동, 포장 디자인, 점포 디자인, 상품 진열, 광고 등과 같이 외적으로 확인할 수 있는 요소들로 브랜드만의 독특한 차별성이 있으며 고객과의 관련성을 조성하는 일관성 있는 비주얼 작업을 말한다.

이러한 브랜딩 시그널을 진행하는 디자인의 영역은 그래픽 디자인, 인테리어 디자인, 디스플레이 디자인으로 구성된다. 먼저 그래픽 디자인의 활동을 살펴보면, 비주얼 머천다이징 구조에서 비주얼에 해당하는 커뮤니케이션 부분을 담당하는 작업으로써 브랜딩 시그널 중에 BIP에 해당하는 상품명 또는 점포명, 로고타입, 심볼마크, 워드마크, 전용 컬러, 전용 서체, 캐릭터, 마스코트, 시그니처 등을 디자인한다. 구체적으로 브랜드의 콘셉트와 이미지를 가지고 브랜드의 기본적 요소인 상표, 로고타입, 전용 컬러, 심볼마크 등을 디자인하고 이 요소들을 적용하여 상품 패키지, 쇼핑백, 유니폼, POP, 광고, DM, 전단 등 판매 촉진을 도모하는 디자인 항목들을 진행한다.

인테리어 디자인은 매장의 하드웨어에 해당되는 부분으로 건물 외관과 매장 내부의 공간 구성 그리고 마감 재료와 컬러에 관한 선정 작업을 진행한다. 또한 상품을 진열하는 집기, 내·외부의 조명, 사인보드 등을 디자인하고 마감재와 컬러, 스타일 등을 선정한다. 인테리어 디자인의 중요한 역할은 스토어 아이덴티티를 확립하는 것이다.

인테리어의 스타일은 브랜드의 이미지가 격식이 있는지, 없는지 또는 모던한지 클래식한지에 따라 해당 브랜드의 이미지와 스타일에 맞춰 건물 구조와 스타일, 마감 재료의 선정부터 시공·설치까지 디자인으로 표현한다. 또한 그래픽 디자인에서 작업한 BIP의 기본 요소인 로고타입, 전용 컬러, 시그니처 등을 적용하여 사인보드를 디자인하는 데 벽면 간판, 돌출 간판, 입면 간판 등으로 간판마다의 역할과 해당 위치에 적합하게 설치한다. 인테리어 디자인에서 진행하는 집기 디자인은 디스플레이 디자인과 연관성이 있다. 머천다이징에 근거한 상품 연출과 진열 방법에 대해 디스플레이 디자인 파트와 협의를 거쳐 집기의 구조와 사용법이 고려된 브랜드 아이덴티티를 드러낸 디자인으로 제작된다.

디스플레이 디자인은 판매를 목적으로 한 상품 디스플레이와 판매 촉진의 일환으로 판매 분위기 조성에 해당하는 장치장식(decoration)이 있다. 상품 디스플레이는 상품의 가치를 부각시키고 돋보이게 하는 상품 연출과 매장에 수많은 상품을 보기 쉽고 고르기 쉽게 분류하고 상품의 정리 정

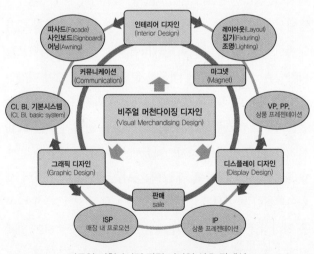

비주얼 머천다이징 관련 디자인 상호 관계성

돈을 기본으로 하는 상품 진열로 구성된다. 감성적인 전개와 이성적인 전개 방식을 연관 지어 보면 상품 연출은 비주얼 머천다이징의 감성적인 표현 방식 전개에 해당되고 상품 진열은 비주얼 머천다이징의 이성적인 전개의 표현 방식에 해당된다.

비주얼 머천다이징의 목적과 의도는 크게 두 가지 맥락에서 진행된다. 하나는 브랜드의 아이덴티티를 오프라인 공간인 매장에 그대로 적용하여 브랜드다운 매장을 조성하는 스토어 아이덴티티의 확립과 머천다이징의 근본 목적인 상품을 잘 팔리게 하는 것을 주안점으로 매장에서 강한 임팩트를 주고 편리한 구매로 연결해주는 역할이다. 이와 같은 맥락에서 디자인 분야 간의 연관성을 보면 먼저, 그래픽 디자인에서 나온 BI를 기초로 인테리어 디자인에서는 사인보드 디자인과 집기 디자인에 적용하게 된다. 디스플레이 디자인은 인테리어 디자인 파트에서 디자인한 집기에 상품을 디스플레이하고 디스플레이된 상품의 정보를 알리기 위한 POP 설치를 위해 그래픽 디자인파트에서 POP 디자인을 진행한다. 이처럼 디자인의 세 영역은 서로 관련성이 깊으며 상호의존적인 작업이라고 할 수 있다. 서로 다른 디자인 영역을 하나의 통일된 비주얼과 제안으로 협업하여 브랜드 정체성을 확실하게 나타내고 개성 있고 독창적인 비주얼로 차별

화된 브랜드만의 개성 있는 모습으로 표현하는 점이 비주얼
머천다이징의 전개이며 동시에 머천다이징의 전술이다.

디자인 영역의 VMD 사례

그래픽 디자인 BIP / 브랜드 시그니처

디스플레이 디자인

인테리어 디자인

비주얼 머천다이징과
디스플레이 디자인의 관계

　비주얼 머천다이징에서 디자인 영역 중 하나인 디스플레이 디자인은 매출 증대를 목적으로 기업(브랜드)과 소비자에게 상품과 서비스를 매개체로 전달해주는 커뮤니케이션 디자인이며 상품을 대상물로 브랜드와 소비자를 연결해주는 디자인이다.

　디스플레이라는 용어는 라틴어 'plicare'에 반대 접두어인 'dis'가 합성된 용어로 '펼쳐 보인다·표현한다·발휘한다' 등의 동사적 의미가 있고 명사로는 '전시·장치·진열·표시' 등의 의미가 있다. 한자의 전(展), 시(示)의 뜻에 의거해 '펼쳐서 확실히 제시한다'라는 디스플레이의 명확한 의미가 전달된

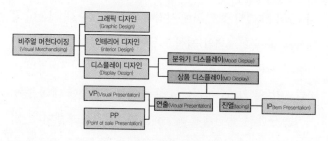

디스플레이 디자인의 범위

다. 디스플레이와 비슷한 의미의 우리말에는 '전시·장식·진열·연출' 등이 있다. 그 중 '전시'는 보여준다는 의미가, '장식'은 예쁘게 꾸민다는 의미가 있으며, '진열'은 상품을 가지런히 정리 정돈하여 보여준다는 의미, 또 '연출'은 상품을 특별히 가치 있고 아름답게 돋보이도록 한다는 의미가 있다. 디스플레이는 이러한 의미들을 모두 포괄하는 뜻으로 이해해야 무리가 없으며 외래어로서 그대로 사용하는 것이 국제화 시대에 있어서 적합한 소통 언어다.

판매 공간에서 디스플레이의 디자인 표현 방식에는 상품 위주로 전개하는 디스플레이와 공간 분위기(space mood) 조성 위주의 디스플레이로 구분된다. 판매를 목적으로 하는 상품 위주의 디스플레이는 상품을 제시하고 판매로 유도한다는 두 가지 전략을 갖고 상품 연출과 상품 진열로 표현된다.

상품 연출은 매장의 포컬 포인트 영역인 쇼윈도와 매장

내 VP와 PP에서 주로 판매 시점에 맞추어 매장 내 시즌이나 행사를 주제로 고객의 시선을 끌어낼 수 있도록 표현한다. 사람의 시선을 사로잡는 데에는 단 3초 만에 이루어진다고 한다. 비주얼 머천다이징에서 상품 연출은 상품에 대해 주목시키는 구매의 첫 단계에 해당하는 디스플레이 표현이다. 상품 진열은 판매 기간 매장 내에 있는 모든 상품을 분류하여 배치하고 상품력을 높일 수 있는 진열 형태를 갖추어 전체적으로 일목요연하게 보여주고 고객이 선택할 수 있도록 편리함을 유도하는 디스플레이 디자인이다. 다종 다량의 상품을 취급하기 때문에 분류가 명확해야 하고 정수 정량의 원칙을 세워 쾌적한 매장을 조성해야 한다. 다양하고 많은 상품을 소비자에게 노출하고 싶은 마음은 판매자들의 공통적인 부분이지만 쾌적한 매장에서 소비자 스스로 상품을 찾고 선택하도록 조성된 매장에서 소비자의 쇼핑 만족감이 높아진다.

공간 분위기 조성 위주의 디스플레이는 판매 촉진과 함께 매장의 분위기를 활기차게 띄어주는 역할이다. 매장의 파사드부터 시즌이나 행사를 알려주고 소비자가 공유하는 모든 공간에 지속적으로 어떤 일이 일어나고 있는지를 알려주는 디스플레이로, 크게 조형물을 이용한 장치 장식과 POP 설치로 구분된다. 장치 장식 위주로 활용되는 영역은 건물 외

관에서는 파사드의 건물 전면과 입구에 해당하고, 매장 내에서는 보이드(void)와 매장 통로 천장 부위, 기둥 주변 부위에 다양한 소재의 오브제(object)를 이용해 연출한다. POP는 상품 정보를 알려주며, 행사 분위기를 조성하는 데 활용하여 직접 판매로 연결되는 구매시점 광고이다. 2000년 이후 컴퓨터 실사 출력이 등장하여 시설 장비를 갖춘 제작 업체들이 늘어나면서 POP의 활용 빈도도 증가하고, 특히 셀프서비스 방식으로 판매하는 유통 업태에서는 POP의 역할 비중이 높아졌다.

비주얼 머천다이징과 디스플레이 디자인의 관계를 비유하자면, 비주얼 머천다이징은 맛있는 요리를 제공하기 위해 재료 선택과 요리 과정을 계획해서 식탁에 올려지기까지의 전 과정을 기획하는 부문이고, 디스플레이 디자인은 음식에 어울리는 식기의 배정부터 테이블 세팅, 음식을 음미하면서 편하게 식사할 수 있는 분위기 조성을 위한 배경 음악의 선정 등과 같은 최종 단계에서의 활동에 해당한다. 따라서 비주얼 머천다이징의 전반적인 전략을 토대로 쇼핑의 최종 단계인 구매시점에서 상품을 중심으로 전략을 전개하는 커뮤니케이션 디자인인 동시에 판매 촉진 활동의 한 분야라는 사실을 알 수 있다.

디스플레이 디자인의 비주얼 머천다이징 프레젠테이션

수평적인 비주얼 머천다이징의 구성 요소를 살펴보면, 상품 진열을 중심으로 한 상품 연출과 그래픽, 음향 등으로 매장에서 각각의 기능과 역할을 하는 디스플레이 디자인으로 표현된다. 이러한 디스플레이 디자인을 비주얼 머천다이징 프레젠테이션 즉 VMP(Visual Merchandising Presentation)라 한다. VMP는 매장 공간을 VP, PP, IP로 영역과 기능을 구분한다. VP, PP는 포컬 포인트(Focal Point) 영역으로 고객의 시선을 끌어들이는 역할을 한다. IP는 매장 내 판매되는 상품의 진열 영역으로서 실제적인 판매가 이루어지는 장소를 말한다.

구체적으로 각각의 역할과 기능을 보면 VP란 매장에서 제일 먼저 고객의 시선을 끄는 연출 부위로 쇼윈도, 매장 입구나 중심에 스테이지가 이에 해당되며 매장과 상품의 이미지를 보여주고 살려주는 역할을 한다. 최신 패션 트렌드와 새로운 라이프 스타일을 제안하며 시즌과 이벤트의 콘셉트와 테마를 보여주고 코디네이션(Coordination)을 통해 상품의 가치를 최대한 매력적으로 연출하는 기능을 한다.

PP란 IP에 진열되어 있는 특정 상품을 강조하는 장소로 진열된 모든 상품을 다 보여줄 수 없고 진열만으로는 상품을 파악하기가 쉽지 않기 때문에 먼저 판매할 상품 위주로 상품을 선정하고 코디네이션 방법으로 제안하여 IP로 자연스럽게 유도하는 역할을 한다. 매장의 위치상 디스플레이 테이블, 집기의 최상단과 벽면 상단에 해당하고 고객의 구매 행동 시 만지거나 고르기 어려운 높이의 공간에서 상품이 연출되는 장소를 말한다.

IP는 매장 내에 상품이 진열된 부위로서 집기 대부분이 이에 해당한다. 아이템 하나하나 분류를 기본으로 상품을 배치하고 최상의 상품을 보여주기 위한 정리 정돈 작업이다. 특징은 고객이 상품을 보기 쉽고, 고르기 쉽게 진열의 원리와 원칙을 정해서 머천다이징의 콘셉트에 따라 상품량을 조절하고 사이즈별과 컬러별로 배열한다. 또한 판매자로서도 상품을 팔기 쉽고 관리하기 쉽게 상품의 회전율을 높여주는

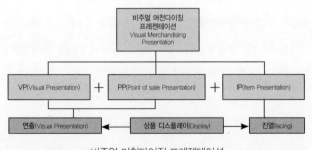

비주얼 머천다이징 프레젠테이션

VMP(Visual Merchandising Presentation)의 구성요소

진열법을 사용한다.

고객의 쇼핑 심리와 행동 패턴에 따른 과정을 AIDCA법칙이라고 한다. 쇼핑의 단계에서의 소비자의 심리와 행동에 맞춰 VP, PP, IP의 영역과 기능이 나타난다. 주목(Attention) 단계는 주로 매장의 파사드부터 쇼윈도나 매장 내 포컬 포인트인 VP에서 발생한다. 소비자는 눈으로 걷는다고 한다. 먼저, 주의를 끌면 자연스럽게 매장 내로 들어오게 되고 인지된 상품과 정보에 대한 관심과 호기심이 PP를 통해 이어져 구매시점인 IP에 도달하게 되는 것이다.

AIDCA법칙의 마지막 단계에 만족을 추가하게 된 이유는 소비자들이 자신의 선택과 판단에서 반드시 평가라는 단계를 거쳐 브랜드의 충성심과 신뢰를 갖기 때문이다. 그래서

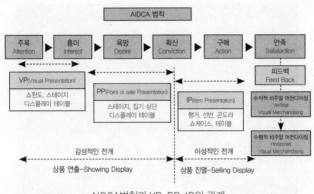

AIDCA법칙과 VP, PP, IP의 관계

감성적인 비주얼 전개에서는 먼저 감동을 주고, 이성적인 비주얼 전개에서는 명쾌하고 편리한 선택의 만족감과 함께 소비자와의 지속적인 유대 관계가 이루어진다.

비주얼 머천다이징 프레젠테이션의 전개 방식

비주얼 머천다이징의 전개에서 감성적인 전개와 이성적인 전개에 해당하는 대표적인 브랜드 사례를 제시하였듯이 비주얼 머천다이징 프레젠테이션에서도 감성적인 전개와 이성적인 전개에 해당하는 디스플레이 디자인 방식이 있

백화점 쇼윈도의 감성적인 비주얼 전개

다. 계획 구매를 염두 해 두고 매장에 온 소비자들이라도 무심코 쇼윈도나 스테이지 내에서 매력적이고 멋진 연출 장면을 보면 마음에 동요를 불러일으키면서 디스플레이된 상품에 대해 관심과 호기심을 갖게 된다. VP, PP에서는 감성적인 비주얼 전개로 소비자의 마음을 흔들고 매장으로 자연스럽게 유도하는 것이다. 감성적 비주얼 전개는 다음의 다섯 가지 아이디어로 대처할 수 있다.

첫째, 훌륭한 디자인으로 유혹하라. 몇몇 명품 브랜드 쇼윈도를 보면 상품 못지않은 독창적인 디스플레이를 볼 수 있다. 둘째, 감각으로 리드하라. 오감을 자극하는 좋은 향기와 맛, 자극적인 촉각은 사람을 끌어당긴다. 셋째, 놀라움을 통해 기쁨을 이끌어내라. 사람들은 새롭고 특이한 것에 흥미를 갖게 되고 자극적인 것을 좋아한다. 넷째, 다양한 콘텐츠로 상호 교류하라. 과거에는 매장에서 소비자의 반응을 이끌어내기 위해 광고와 행사로 시행하는 행태였다면 현대는 소비자와 상호 교류할 수 있는 다양한 콘텐츠인 시음, 시연회, 사인회, 고객 참여 패션쇼, 콘셉트 스토어 등을 통해 소비자를 참여하게 하고 상품과 브랜드에 대한 경험을 갖게 한다. 다섯째, 스토리텔링을 통한 일관된 메시지를 전달하라. 디스플레이로 전달하는 메시지는 조형 언어이다. 말이나 언어로 표현하지 않아도 전하고자 하는 비주얼 메시지는 사실성을 강조한 모방적인 오브제나 과장한 오브제를 통해 안정된 구도의 반복적인 패턴 방법으로 깊이 각인시켜준다.

VP는 매장이나 해당 층의 이미지를 상징한 영역으로 브랜드와 상품의 정체성을 보여주어야 하고, 아이 캐처(eye catcher)의 역할을 하여 고객을 매장으로 들어오도록 유도해야 한다. VP의 대표적인 장소인 쇼윈도는 테마 디스플레이와 상품 위주의 디스플레이로 감성적인 비주얼 전개를 한다. 테마 디스플레이는 메시지가 담긴 비주얼의 다양한 오브제로 고객에게 강력한 이미지를 주고 매장 내의 VP와 포컬 포인트에 일관성 있는 오브제와 POP를 준비해서 고객들이 매장 구석구석을 찾아 볼 수 있게 장식과 연출을 한다.

디오르 플래그십 스토어 쇼윈도 VP

PP는 VP와 IP를 연결해주는 다리 역할로 상품 코디네이션 또는 상품의 이미지를 대신할 수 있는 오브제나 소품, 사진 등을 통해 상품의 특징과 효용성을 제안한다. PP에서는 브랜드의 수준과 이미지에 맞는 연출 도구를 사용한다. 상품을 코디네이션 할 때 상품의 종류와 특징에 맞게 삼각 구도, 방사선 구도, 수직 구도, 반복 구도 등 안정감 있는 구도로 상품 배치를 하며 스포트 라이트(spot light)를 상품 포인트에 맞춰 아이 캐처의 역할을 한다.

이성적인 비주얼 전개에서는 IP에서 진열되는 수많은 상품의 페이싱 플랜(Facing Plan) 원칙과 집기 배치의 원칙, 진열

SPA 브랜드의 페이싱 플랜

의 기본 원칙이 있다. 페이싱 플랜의 원칙은 머천다이징의 상품 계획에 근거를 둔 상품 구성과 라인, 상품 진열량에 따른 상품 배치와 진열 형태 계획이다. 상품의 특성에서 페이스(Face)를 집기 구조에서 어느 방향으로 보여줄 것인지, 진열 형태는 어떤 형태로 보여줄 것인지, 상품의 크기와 상품 고유의 컬러를 고려한 진열량의 조절과 상품 특성에 적합한 집기의 디자인 등을 결정하는 합리적인 진열 계획이다. 페이싱 플랜은 수직적 비주얼 머천다이징 라인에서 상품 기획 단계에서부터 집기 내 진열까지를 염두하여 치밀하게 계획되는 이성적 전개에 해당한다.

페이싱 플랜을 통해 매장의 반응을 수렴하는 SPA(Speciality store retailer of Private label Apparel) 브랜드는 매장에 진열된 상품에 대한 소비자의 반응과 의견을 반영하여 다음 시즌에 대한 머천다이징을 기획하고 있다.

집기 배치의 원칙은 진열 형태에 따라 집기의 종류가 결정되고 매장의 위치를 고려해 집기의 구조와 높이가 좌우된다. 먼저 집기의 종류는 행거, 선반, 쇼 케이스, 테이블, 벽면장, 매대 등이 있다. 진열 형태는 크게 '건다·접어서 눕힌다·쌓아둔다' 등의 방법으로 '건다'에 적용되는 집기는 행거다. 행거의 종류는 일자 행거·경사 행거·계단식 행거·원형 행거·십자 행거 등이 있다. 행거에 진열되는 상품들은 주로 구겨지기 쉬운 의류와 패깅(Pagging)된 상품들로 옷걸이나 혹(hook)을 이용해서 진열한다.

옷걸이를 이용하여 진열하는 방식을 '행잉진열'이라 하고 비닐 포장된 상품들은 혹을 이용하여 진열하는 방식을 '패깅진열'이라고 한다. 걸려 있는 방향을 기준으로 상품의 정면을 보여주는 페이스 아웃(Face-Out)과 측면을 보여주는 슬리브 아웃(Sleeve-Out)이 있다. 페이스 아웃은 정면 진열로써 보기 쉽다는 것이 특징이고 단품만으로 진열하지 않고 진열된 아이템들을 선정하여 코디네이션 방식으로 제안하기 때문

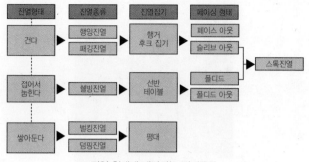

진열형태	진열종류	진열집기	페이싱 형태	
건다	행잉진열	행거 후크 집기	페이스 아웃	
	패깅진열		슬리브 아웃	스톡진열
접어서 눕힌다	쉘빙진열	선반 테이블	폴디드	
			폴디드 아웃	
쌓아둔다	벌킹진열	평대		
	덤핑진열			

진열 형태에 해당하는 집기종류

에 PP의 역할까지 하는 판매 이중의 효과가 있다. 슬리브 아웃은 상품의 측면이 보이게 진열하는 형태이고 진열량과 컬러의 다양성을 쉽게 알 수 있다. 걸려 있는 구조상 페이스 아웃보다 상품을 고르기 쉽다는 특징이 있다. 슬리브 아웃으로 진열하는 의류 중 상의인 경우는 소매의 길이와 단추의 디자인을 알 수가 있고 페이스 아웃보다 더 많은 수량을 진열할 수 있어 '스톡(Stock)진열'이라고 한다.

'접어서 눕힌다'에 진열법인 '쉘빙(Shelving)진열'에는 선반에 진열한다는 의미가 있다. 쉘빙진열에 적용되는 집기는 선반과 테이블로 선반의 종류에는 일자 선반과 박스 선반이 있다. 선반과 테이블에 진열되는 상품들은 부피가 큰 모직의류와 이불, 길이가 긴 바지나 넥타이, 벨트, 수건 등의 상품

폴디드 아웃

폴디드

페이스 아웃
슬리브 아웃

페이싱 형태의 종류

들이 해당되고, 접은 상태로 눕히거나 소도구를 이용하여 세워서 진열한다. 접힌 상태로 눕혀서 규칙적으로 쌓는 형태를 폴디드(Folded)라 하고, 접힌 상태인 단일 상품을 세워서 페이스를 보여주는 형태를 폴디드 아웃(Folded-out)이라고 한다. 폴디드는 고급, 고가의 상품일 경우, 단품 진열을 하지만 중저가 매스(mass) 상품일 경우에는 다량으로 진열한다. 다량 진열의 경우 사이즈와 컬러의 다양성을 보여주고 선택의 폭을 넓혀주는 진열이며 슬리브 아웃과 동일한 스톡 진열이다.

선반 집기는 높이에 따라 상품의 페이스를 보여주는 방법이 다르다. 손이 닿기 어려운 높이의 선반에 있는 폴디드 형태는 상품이 전혀 보이지 않기 때문에 폴디드 상태를 세워서 보여주는데 이런 페이싱 형태를 폴디드 아웃이라고 한다.

벌킹진열 (섬진열)   덤핑진열

폴디드 아웃으로 진열할 때 이젤 소도구를 사용하고 페이스
아웃처럼 관련 상품과 코디네이션을 하여 PP의 역할을 한
다. 주로 와이셔츠 매장에서 선반 집기 상단에 진열방식으로
많이 활용한다.

'쌓아둔다'에 적용되는 집기는 매대 또는 평대이다. 매대
아래에 보관 기능을 갖춘 집기의 구조로 진열의 규칙 없이
상품을 쌓아두는 방식이다. 상품의 특성과 매장의 판매 정책
에 따라 덤핑(Dumping)진열과 벌킹(Bulking)진열로 구분한다.
덤핑진열은 염가 상품, 재고 상품, 이월 상품, 세일 상품 등
에 해당되는 상품들을 단기간에 소진시키거나 고객을 매장
으로 유도하기 위한 미끼 역할로 매장 입구나 이벤트 홀에
서 전개하는 진열 방식이다. 벌킹진열은 식품매장에서 건어
물, 채소, 과일과 같은 1차 식품을 풍성해 보이도록 하는 진
열 방식이다.

페이싱 형태의 특징

← **페이스 아웃**
스타일 추구

← **슬리브 아웃**
컬러와 사이즈 다양성 추구

폴디드 아웃 ←
스타일 추구

폴디드 →
컬러와 사이즈 다양성 추구

집기를 매장 내에 배치할 때는 고객의 동선을 고려해서 배치한다. 또한 상품 간의 연관성을 고려하여 원스톱 쇼핑을 유도하는 방법으로 집기를 배치한다. 매장 입구에는 스테이지나 디스플레이 테이블을 배치하고 집기 높이가 1,200밀리미터가 넘지 않도록 한다. 매장 중심에 배치하는 집기는 통로와 통로 사이에 배치하는데 사면에서 상품을 볼 수 있는 여건이므로 집기의 높이가 1,400밀리미터를 넘지 않도록 한다. 매장 벽면에 배치하는 벽면장은 높이와는 상관없이 바닥에서 천정까지 최대한 활용하여 상품 디스플레이를 한다. 이렇게 매장 전면부터 벽면까지 고객의 시야와 시선을 방해하지 않는 상품 진열의 높이를 고려해서 집기 배치하고 그에 따른 효과를 '3차원효과 (Three Dimension Effect)'라고 한다.

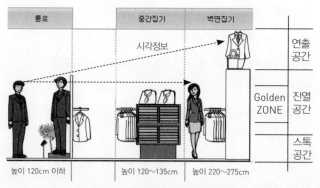

매장 집기 배치와 디스플레이 범위

특히 벽면장은 바닥에서 천정까지 세 가지 공간으로 구분할 수 있다. 바닥에서 600밀리미터까지는 스톡(stock) 공간으로 상품을 보관하는 장소로 활용한다. 회전이 빠른 상품들을 보관하기도 하고 창고에 왕래하는 시간을 줄이기 위해 여분의 상품을 보관하는 장소이다. 고객이 허리를 구부리거나 앉아서 무리하게 상품을 고르는 자세를 유발하므로 주로 상품 보관 영역으로 활용한다.

공산품을 진열하는 곤돌라 경우는 대용량의 상품들을 이 공간에 진열한다. 600밀리미터에서 1,900밀리미터까지 진열 유효 범위에 해당되는 판매(sell)공간이다. 상품을 진열하기 제일 적합한 높이로 무리한 행동 없이 고객이 상품을 고르고 선택할 수 있다. 이 범위에서도 900밀리미터에서 1,600밀리미터까지를 '골든 존(Golden Zone)'이라고 하며 고객의 눈 높이에 맞춰 정면에 맞닥뜨릴 수 있고 상품을 만져보기 좋은 높이에 해당된다. 매장의 상품 운영에 따라 주력 상품의 집중 판매와 신상품 홍보, 저 회전 상품의 노출을 위해 이 부위에 진열한다. 1,900밀리미터에서 천정까지는 대표 상품을 보여주고 시즌 데코물이나 판매 공간의 섹션을 오브제로 데코레이션하는 공간이다. 스톡 공간처럼 고객의 구매 행동에 불편함을 주는 높이에 해당되지만 반면에 매장에서 먼 곳에서도 브랜드와 상품을 인지 할 수 있는 곳이어서 상품 연출

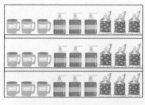
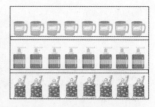

수직진열　　　　　　　　　　수평진열

을 통한 PP의 역할을 한다거나 브랜드 사인이나 광고, 그래
픽 등으로 정보 공간으로 활용한다. 또한 시즌 데코레이션
(season decoration)이나 존(zone)별 상징성 있는 오브제로 데코
레이션을 한다.

　세 가지 공간을 활용한 디스플레이 방법은 매장의 상품
운영과 상품의 판매 사이클에 따라 페이싱 플랜을 통해 전
개한다.

　진열의 기본 원칙은 상품의 진열 방향성과 개별 상품, 세
트 상품에 따른 진열 방법을 근거로 상품의 크기와 부피, 높
이에 따른 진열 순서에 따라야 한다. 먼저 진열 방향은 좌측
에서 우측으로, 위에서 아래로, 전면에서 후면으로 세 가지
방향으로 진열 순서를 정한다. 좌측에서 우측 방향은 우리
가 글을 읽고 쓰는 방향으로 익숙하므로 사이즈, 부피의 크
기나 컬러배열의 순서를 이와 같은 방향으로 진열한다. 먼저
선반 집기에서 다량의 상품 진열하기 위해서 동일한 상품군

테이블웨어 세트 진열 방식

으로 '그룹핑(grouping)'한다. 디자인별, 소재별, 사이즈별, 컬러별로 그룹핑 된 상품을 수직방향 또는 수평방향으로 진열할 것인지 결정하고 상품의 식별력을 높일 수 있고 구분하기 쉬운 방법을 고려해서 진열한다.

다음은 상품 유형별 진열로 단품 상품 진열과 세트 상품 진열이 있다. 단품 상품의 진열은 소비자가 상품을 구매할 때 개별 상품을 원하는 수량으로 고르고 선택할 수 있도록 동일 상품을 여러 개 진열하며 디자인별, 소재별, 사이즈별, 컬러별로 진열할 수 있다. 세트 상품 진열은 개별 아이템을 하나씩 구입할 수 있는 상품과 세트로 구입할 수 있는 상품에 따라 진열하는 방법이나 수량을 다르게 한다. 예를 들어 핸드백 매장에서는 동일 소재, 동일 디자인의 다른 용도와

이불 매장의 페이싱 플랜

크기의 상품끼리 그룹핑을 해서 진열한다. 블라우스끼리 스커트끼리 자켓끼리 진열하는 경우는 단품 상품 진열과 같은 방식으로 한다. 그러나 블라우스, 스커트, 재킷을 한 세트로 제안해서 판매할 경우는 세트 상품 진열 방식으로 한다. 세트 상품을 판매하는 경우에 해당하는 이불 매장은 이불, 요, 베개 등을 세트로 판매하기 때문에 주로 함께 진열한다. 부피가 크기 때문에 주로 진열 상품 하나만 샘플로 매장에 내놓고 판매한다.

물론 판매할 때 꼭 세트로 사야 하는 것은 아니지만 이런 진열 방법은 고객의 입장에서는 코디네이션 제안이 되어 선택의 기쁨을 줄 수 있고, 판매 입장에서는 개별 아이템에서 세트 아이템의 구매가 발생할 수 있어 매출에 도움을 줄 수 있는 진열 방식이다.

VP(Visual Presentation) 유도와 VP tool 체계

수평적인 비주얼 머천다이징은 매장에서의 종합적인 시각 연출 기술 체계이기 때문에 연출해야 할 근본적인 매장 상품 편성이 허술하다면 어떠한 멋진 비주얼 머천다이징 기술을 구사하더라도 결코 매력적인 매장이 될 수 없다. 연출 표현의 영역인 VP는 매장 상품 편성에 따라 매장 내에서 고객의 원활한 회유를 위해 시인성이 높은 연출이 요구된다. 브랜드의 콘셉트와 이미지를 상품 연출을 통해 전개해서 브랜드의 정체성과 판매 상품의 가치와 특징을 보여주어야 하고 아이 캐처의 역할을 하여 고객이 매장에서 구석구석 상품을 접할 수 있도록 유도해야 한다.

VP의 영역은 평면 상 위치와 입면 상 높이로 구분한다. 평면상 위치는 매장 또는 각 층의 입구, 중심과 매장 벽면의 중심에 해당한다. 아일랜드 집기의 상단과 벽면 집기에서는 1,900밀리미터 높이 이상이 VP영역이다. 멀리 떨어진 곳에서 보이는 영역으로 시선 유도의 기능을 한다. VP유도는 매장 편성 단계에 따라 VP 포인트를 레이아웃하고, 단계에 따라 패턴을 설정한다. 즉 월드(World) VP부터 존(Zone) VP, 블록(Block) VP, 카테고리 VP, 카세트 VP의 순으로 평면상 VP 위치를 정한다. 월드 VP는 매장의 쇼윈도나 스테이지의 형태를 취하고 입구의 좌우로 대칭적으로 배치하는 것이 좋다.

존 VP는 백화점과 같은 대형 매장에서 다양한 상품군이 배치된 상품 존에 VP를 스테이지나 디스플레이 테이블에 중심 상품이나 테마 상품을 연출하여 주목을 끌어내 카테고리 영역으로 유도한다. 카테고리 VP는 주로 PP에 해당 되고 카세트 VP는 IP에서 페이스 아웃이나 폴디드 아웃과 같은 페이싱 플랜의 형태에 해당된다.

입면상 높이에 해당하는 영역의 VP 디스플레이 범위는 집기 맨위에서 매장 천장까지의 허용된 영역에서 다양한 VP tool을 사용하고 디스플레이 한다. VP tool의 종류는 마네

월드(World)VP	존(Zone)VP	블록(Block)VP	카테고리(Category)VP	카세트(Cassette)VP
쇼윈도 Show Window	층별 스테이지 Floor Stage	스테이지&테이블 Stage&Table	PP, 집기 상단 Top of Fixturing	페이스 아웃(Face Out) 폴디드 아웃(Folded Out)

매장 상품 편성에 따른 VP 유도 과정

Zone VP

Block VP

Category VP

Cassette VP

킹, 보디(Body), 소도구, 장식 기구 등이 있다. 마네킹과 보디는 주로 의류에 많이 사용하고, 부분 마네킹과 소도구는 잡화 상품과 폴디드 된 상태의 상품을 폴디드 아웃으로 진열할 때 활용된다. 장식 기구는 오브제라 하고 상품의 부가적인 설명과 가치, 시즌을 표현하는 데 활용된다.

VP tool은 연출을 위한 도구로써의 역할도 있으나 브랜드마다의 독특한 디자인에 따라 비주얼 머천다이징의 상징적인 표현물로써의 역할도 한다.

캐릭터 마케팅을 하는 브랜드안 경우에는 캐릭터 조형물, 오브제 등을 활용해서 브랜드의 아이덴티티를 확실히 소비자에게 심어주며 다른 브랜드와 현격한 차별화를 준다. 특히 마네킹 경우에는 브랜드의 특징을 살린 마스크와 포즈, 바디컬러 등으로 다른 브랜드와의 경쟁력을 갖출 수 있는 요소다.

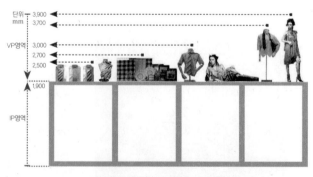

VP 영역의 VP tool 활용 및 범위

캐릭터 브랜드의 VP tool 사용

비주얼 머천다이징 조명 체계(Lighting System)

수평적인 비주얼 머천다이징의 상품을 직접 다루는 진열 표현과 연출 표현 외에도 매장 분위기를 조성하고 상품의 가치를 최종적으로 드러나게 해주는 것은 조명 연출이다. 매장에서 사용하는 조명의 종류는 매장을 전체적으로 밝게 비춰주는 전체 조명과 상품에 하이라이트 주는 중점 조명, 집기 내에 진열된 상품에 집중해서 비춰주는 상품 조명, 매장의 특징과 행사 분위기를 조성하는 장식 조명이 있다. 중점 조명은 VP에 디스플레이된 상품이나 오브제에 '하이라이트를 어디에 비출 것인가', '정확히 상품에 조사되고 있는가'를 염두해 둔다. 상품 조명은 상품 고유색을 그대로 나타낼 수 있도록 색온도를 맞춘다. 진열 상품을 밝게 비춰주기 위한 상품 조명은 집기 내에 매입시켜 직접 비추도록 설치한다.

조명기구가 설치된 위치와 광원조사방향에 따라 직접 조명과 간접 조명으로 구분한다. 직접 조명은 광원이 노출된 상태로 빛이 위에서 내려오는 조사 방식이고, 간접 조명은 아래에서 위로 비쳐지는 방식으로 선반 바닥에서 빛을 투사하던가 집기 배면에서 투사하는 방식으로 화장품이나 글라스(glass)를 진열할 때 효과적인 조명 방식이다. 집기 배면에서 나오는 백 라이트(back light)는 실루엣을 강조하는 상품에 적당하고

VP 스포트 라이트

화장품이나 향수, 주류 매장에서 용기의 내용물을 투과시킬 때 적합하다. 주의할 점은 자칫 역광이기 때문에 상품이 어둡게 보이므로 일반 상품에서는 활용하지 않는 것이 바람직하다.

장식 조명은 매장의 특징과 분위기를 조성하는 조명으로 광원의 컬러와 조명 기구의 디자인에 중점을 둔다. 광원의 컬러는 판매되는 상품에 맞게 선택하는 것으로 스포츠 의류나 가전 매장에서는 청색의 분위기가 돌게 하고 침구류나 속옷 판매장에서는 주광색의 무드(mood)로 조성한다. 장식 조명은 광원에 대한 선정뿐만 아니라 조명 기구의 디자인 또한 비주얼 아이덴티티에 해당한다. VP영역에서 중점 조

집기에 내장된 상품조명

명 외에도 장식 조명으로 많이 사용하는 샹들리에(chandelier)가 있고 매장 내 인테리어 조명으로 브래킷(bracket)과 스탠드(stand)를 국부 조명으로 사용하는데, 조명 갓과 구조의 디자인이 브랜드의 스타일과 동일하게 조화를 이루는 것이 좋다. 이외에도 장식 조명은 점 외(exterior) 장식용으로 판매 촉진 차원에서 상점가 주변과 매장 파사드에 조명 장식을 하는데, 대표적으로 크리스마스나 연말연시 세일 기간에 장식하는 조명에 해당한다.

비주얼 머천다이징의 매장 운영(Store Operation)

비주얼 머천다이징의 시스템은 수직적 비주얼 머천다이징에서의 전략을 수평적 비주얼 머천다이징에서 전개를 통해 실제 판매 현장인 매장에서 운영된다. 아무리 치밀한 전략과 매력적인 전개를 진행한다 해도 지속적이고 일관성 있는 운영체제가 이루어지지 않으면 고객을 오래 붙잡을 수 없다. 따라서 매장에서의 브랜드 이미지 관리, 상품 관리, 서비스 관리 등 생동감 있는 매장을 운영하기 위해서는 차례로 순회적인 행동이 있어야 한다. 상품 입점에 따른 전사적인 VMP매뉴얼을 배포하여 상품 판매 주기에 따른 상품의 배치와 진열, 코디네이션 방안을 매장에서 실행할 수 있도록 수직적인 비주얼 머천다이징 파트에서 진행한다.

원활한 운영 업무를 진행하기 위해 VP 영역과 POP를 관리하는 파트, 매장 내 카테고리별 섹션(section)마다의 상품의 재배치와 정수 정량을 관리하는 파트로 구분하여 전문성 업무와 관리성 업무로 분담한다. 전문성 업무는 VP 영역에서 브랜드의 이미지를 유지하고 매력적인 상품의 연출을 진행한다. 주기적인 상품 교체를 통해 다양한 상품을 고객에게 노출하고 유행에 민감한 고객들에게 상품의 정보와 효용 가치를 감성적으로 전개하여 구매력을 증진하는 작업이다. 브랜드마다 다점포화로 인해 지역별로 여러 매장을 관리하면서 VP 영역만 관리하는 라운딩 코디네이터가 점별로 배치되어 운영되고 비주얼 머천다이징의 최전선에서 판매와의 연결을 이어주는 중요한 역할을 담당한다.

관리성 업무는 판매를 목적으로 상품 관리와 서비스 관리를 동시에 진행하는 판매원과 매장 담당자들의 활동이다. 매장 운영자들의 업무 중 고객을 대면하는 시간이 차지하는 비율은 전체 업무의 4분의 1에 해당한다. 대부분의 업무 내용이 상품 정리나 입고, 검품, 출하, 재고 관리 등의 업무로 이루어져 전문 노하우의 판매 서비스에 집중할 수 있는 시간이 많이 부족하다. 상품 정리와 재고 관리를 손쉽게 할 수

상품코디네이션 매장 운영

있도록 주기적으로 본사 머천다이징 파트에서 진열 매뉴얼
을 제공함으로써 비주얼 머천다이징 관리업무가 수월하고
철저히 진행될 수 있다. 상품 정리와 진열 부분에서 업무가
극소화되면 그만큼 고객에게 서비스로 다가가는 기회도 많
아져서 판매 매출이 향상되는 것이다. 페이싱 플랜으로 인해

재고 관리가 손쉬워지면 상품의 보충과 회전을 신속하게 운영할 수 있어 매장에서 상품에 대한 고객의 반응을 본사나 머천다이징 파트로 피드백할 수 있는 시스템을 갖출 수 있고 고객의 반응을 반영한 양질의 상품과 체계적인 머천다이징 업무로 향상되게 된다.

유통 업태별 비주얼 머천다이징과 디스플레이 디자인 사례

　　유통업 비주얼 머천다이징은 업태마다 전개 방식과 표현 방법에 차이가 있다. 머천다이징 정책에 따라 크게 고품격 머천다이징과 매스 머천다이징으로 구분할 수 있고, 상품 구색과 가격 정책, 판매 서비스 방식의 다름에 따라 비주얼 머천다이징의 적용 방법이 다르다. 고품격 머천다이징에 해당하는 대표적인 유통 업태에는 백화점, 명품관, 면세점 등이 있고 매스 머천다이징을 실행하는 유통 업태는 대형 마트, 편의점, 전통시장 등이 있다. 그리고 어패럴 머천다이징에 해당되는 브랜드 전문점의 비주얼 머천다이징도 상품의 품질과 격(grade), 가격 정책에 따른 브랜드의 콘셉트에 따라 수평적 비주얼 머천다이징의 전개 방식과 표현 방법이 다르다. 유통 업태마다 특성을 반영한 디스플레이 디자인이 적용된 사례를 통해 수평적 비주얼 머천다이징를 비교할 수 있다.

백화점

국내 백화점 간의 경쟁이 심화된 것은 1980년대 후반 대형 백화점이 속속 등장하면서부터다. 서울 중심 상권에 몰려 있던 대형 백화점들의 경쟁은 쇼윈도에서부터 시작되었고 일본에서 받아들인 비주얼 머천다이징은 디스플레이 디자인에 먼저 적용되면서 주로 쇼윈도를 통해 백화점의 특징과 차별화를 나타내는 경향이 있었다.

비주얼 머천다이징에 대한 통합적인 인식이 생기게 된 시점은 1990년대 중반 외국의 창고형 할인점과 국내 대형 마트들이 등장하기 시작하면서 백화점 영업 매출의 저조한 현상이 나타나면서부터다. 대형 마트의 대량 물량 공세와 EDLP(Every Day Low Price)정책으로 대형 마트로 고객이 몰리다 보니 백화점 본연의 정체성을 모색하기 위한 일환으로 VMD전략을 세우게 되었다. 대형 마트의 매스 마케팅에 대한 반격으로 최고급의 상품과 서비스를 완비한 고품격 마케팅을 시행하면서 전략적인 머천다이징에 기반을 두고, 전사적인 차원에서 비주얼 머천다이징을 전략 요소로 인식하게 된다. 당시의 마케팅은 비주얼 작업을 담당하는 그 당시 제작팀의 인테리어 디자인과 그래픽 디자인, 디스플레이 디자인 분야 간의 협업(collaboration)뿐만 아니라 마케팅팀, 영업팀, 판촉팀, 광고팀과의 협업으로 일관성 있는 메시지와 디자인을 전개하는 방향으로 모색하게 되었다. 중심 상권 위주의 백화점 입지가 1990년대 후반부터 서울은 지역적으로, 지방은 역세권으로 입지가 확대되면서 백화점 자체의 브랜드 정체성에 대한 이미지는 더욱 강화하게 된다. 1997년 국가적인 외환위기인 IMF가 터지면서 중소 백화점들이 대형백화점에 인수·합병되어 백화점의 다점포화, 대형화, 지역특성화 등으로 21세기 새로운 백화점 유통 환경과 문화를 조성하게 된다.

국내 백화점은 일본 백화점의 영향을 받아 머천다이징 매입 방식이 특정 매입이고 브랜드에게 매장을 임대하는 방식이라 백화점마다 상품으로 차별화를 주기에는 한계가 있다. 비주얼 머천다이징은 머천다이징의 전략에 따라 전개되고 운영되기 때문에 백화점에서 활용한 수평적 비주얼 머천다이징은 고급 내장재와 시설에 중점을 둔 인테리어 디자인과 VP영역에 백화점의 고품격 이미지를 나타내는 감성적인 디스플레이 디자인의 전개로 백화점마다 독창성과 차별화를 보여주었다. 1990년대 중반부터는 명품브랜드 유치에 따른 브랜드별 디스플레이 디자인으로 백화점의 꽃이었던 쇼윈도가 명품 브랜드의 전시장으로 탈바꿈하게 되고 국내 백화점의 정체성을 상실하게 되는 상황이 발생한다. 상품 구색에 있어서는 대형 마트와의 차별화를 위해 다량의 상품을 갖추기 보다는 양질의 소량 상품을 준비하고 진열 위주보다는 상품 전시에 가까운 디스플레이로 고객의 라이프 스타일을 추구하는 상품 디스플레이를 하게 된다. 이러한 디스플레이 전개는 개별 진열보다는 전시 형태를 갖춘 고품격 디자인으

백화점 비주얼 머천다이징은 시즌 또는 행사 테마를 정해 광고, 기획 상품과 연계된 메시지를 디스플레이 디자인을 통해 고객에게 전달하고 감성적인 표현으로 고품격 이미지를 살려준다.

로 매스 마케팅의 유통 업태들과의 차별화를 위해 감성적인 디스플레이 디자인을 하고 있다. 백화점은 판매의 장(場)에서 문화의 장(場)으로 변화를 모색하면서 VIP 마케팅을 기반으로 예술과 상품을 결합시킨 아트 마케팅을 통해 백화점 환경의 변화를 주고 쇼핑을 하러 온 고객들에게 예술이 숨 쉬는 갤러리와 같은 문화적인 공간으로 매장의 성격을 다채롭게 전개하고 있다.

최근에는 특정 매입 위주의 머천다이징에서 일부분은 직접 상품을 기획해서 생산과 제조회사의 협업을 통해 상품을 판매하는 형식을 도입해서 자체 브랜드(Private Brand) 개발에도 힘쓰고 있다. 또 상품마다 테마를 부여한 여러 중소 브랜드들의 다양한 상품을 모아서 판매하는 편집 숍(multi shop) 또는 콤플렉스 숍(complex shop)을 운영하고 있다. PB위주의 판매 운영, 숍 인 스토어(shop in store) 방식의 판매 운영과 함께 차별화된 상품과 매장 구성으로 비주얼 머천다이징과 디스플레이 디자인을 펼쳐 백화점의 정책과 전략에 부응하고 있다.

면세점

면세점은 외국 관광객과 내국인 국외 여행자를 대상으로 외국 유명 브랜드 상품 및 국내 토산품을 면세가로 판매하

면세점 비주얼 머천다이징은 국내 여행자 및 해외 관광객을 대상으로 관광 상품을 개발하여 관광과 쇼핑을 동시에 즐길 수 있는 복합엔터테인먼트 공간을 조성하고, 그 곳에 가면 볼거리가 있고 특별히 구입할 수 있다는 차별화 된 머천다이징으로 독자적인 마케팅을 펼치고 있다. 이야기 거리가 있는 재미있는 쇼윈도 디스플레이 디자인과 연계된 매장 내 상품 진열로 매출에 크게 기여하고 있다.

는 유통 업태이다. 일반 백화점이나 명품관과는 차별된 비주얼 머천다이징을 보여주고 있다. 면세점의 상품 구성은 해외명품 브랜드들과 국내 유명 브랜드, 토산품, 한국 전통 상품군으로 매장이 운영되고 외국 관광객을 겨냥한 전통 식품과 한류스타 상품을 취급하고 있다. 비주얼 머천다이징은 백화점과 유사한 전개 방식으로 국제화, 개방화에 적합한 글로벌한 이미지와 고급스러운 분위기를 조성하고 있다. 관광업과 연계된 유통 업태로서 명품 브랜드 유치와 국내 인기 아이템을 취급하는 브랜드 각자의 독특하고 개성 있는 비주얼 머천다이징을 펼치고 있다. 국내 영세 기업의 전통 상품에 관련된 매장에서는 필드 비주얼 머천다이저들의 세심한 상품 관리와 디스플레이로 면세점만의 독특한 매장 환경을 조성하고 있다. 저회전율 상품으로 인해 자칫 정체될 수 있는 매장 환경에 레이아웃과 상품 배치를 수시로 바꾸는 방식으로 변화를 주고 있다.

2004년 한류스타 마케팅이 시작된 이후 면세점에서는 일본, 중국, 동남아 관광객 유치를 위해 한류스타를 상품화하여 특수를 누리고 있다. 이와 같은 한류스타 마케팅을 통해 진행하고 있는 비주얼 머천다이징의 대표적인 사례로 롯데면세점에서 운영하는 스타 애비뉴가 있다. 면세점 내부가 아닌 롯데타운 내에 한류 스타들의 엔터테인먼트 콘텐츠를 직접 체험할 수 있는 복합 문화 공간을 별도로 조성하여 일본, 중국을 비롯한 동남아 관광객들의 관광코스로 활용하고 있어서 해외 면세점과도 차별적인 머천다이징과 비주얼 머천다이징, 디스플레이 디자인을 전개하고 있다.

면세점은 크게 시내(local) 면세점과 공항 면세점으로 운영되고 있다. 서로 간의 입지 조건이 달라 입지 상황에 적절한 상품 디스플레이를 하고 있다. 시내 면세점은 시내를 관광하는 해외 여행객과 출국이 예정된 국내 여행객들 위주로 편안하고 고급스럽게 매장을 조성하고 최고급으로 가치 있게 상품 디스플레이를 한다. 시내 면세점은 백화점이나 호텔 내에 위치하고 있어 접근하기 편리하고 완전 서비스 방식으로 운영하고 있어 VP 영역에서의 디스플레이는 최대한 매력적이고 메시지가 강한 표현으로 고객을 매장으로 유인하는 기법을 활용하고 있다. 국내뿐만 아니라 해외 관광객의 자국 행사에 맞춰 대대적인 세일 마케팅을 진행하고 연중무휴 영업방식으로 면세가의 좋은 브랜드 상품을 완비한 머천다이징 시스템을 갖추고 있다. 공항면세점은 출국하는 해외 또는 국내 관광객들을 대상으로 판매를 한다. 대부분의 고객들이 비행기 탑승 전에 쇼핑을 하기 때문에 제한된 시간 내에 쇼핑이 가능하도록 디스플레이를 전개하고 있다. 매장마다 다량의 상품을 정리 정돈하는 부분에 디스플레이의 초점을 맞

롯데면세점 스타애비뉴

추고, 많은 상품으로 인해 매장 환경이 복잡하지 않도록 쾌적한 매장 환경 조성과 편리한 진열에 중점을 둔 디스플레이 디자인을 진행한다.

대형 마트

국내 유통 대기업이 운영하는 국내 대형 마트는 1990년대 초 유통시장 개방 이후 들어온 외국의 유명 창고형 할인점들로 인해 생겨났다. 해외 할인점들은 우리나라에서 기반을 세우지 못하고 모두 물러났다. 이와 같은 이유는 여러 요인이 있겠지만 비주얼 머천다이징 측면에서 보면 국내 쇼핑 고객의 쇼핑 성향을 파악하지 못하고 브랜드의 유명세에 의존해서 머천다이징을 진행했기 때문이라고 본다. 국내 쇼핑 고객은 고품격 유통 환경에서 저렴한 가격으로 양질의 상품을 사는 것을 선호하기 때문에 국내 대형 마트를 운영하는 기업에서는 이점을 고려하여 백화점과 같은 고급 시설과 상품가치를 돋보이게 하는 디스플레이 연출에 심혈을 기울인다. 또한 대형 할인점의 특징인 '시설비와 디자인 비, 인건비, 유통마진을 낮추어 저렴한 가격 정책을 한다'라는 본래의 취지에 맞춰 백화점과 같은 시설과 환경을 조성하여 한국형 할인점으로 운영하고 있다.

이런 상황에서 국내 대형 마트 디스플레이 디자인은

EDLP 가격 정책으로 매장의 고급화와 로우 코스트 오퍼레이션(Low Cost Operation) 진열로 차별화를 두고 있다. 국내 대형 마트가 월마트나 까르프와 같은 외국 유명 창고형 할인점보다 선점을 획득한 것은 매장의 고급화 부분에 요인이 있다. 매장의 고급화는 고급 소재와 쾌적한 인테리어 환경, 대중적이고 친근한 디스플레이로 외국 유명 창고형 할인점과의 차별화를 꾀했다. 비주얼 머천다이징의 이성적 전개를 펼치는 대표적인 유통 업태인 대형 마트에서 매장의 고급화보다 우선되어야 할 것은 로우 코스트 오퍼레이션 진열이다. 주로 IP영역의 비중이 높은 대형 마트의 로우 코스트 오퍼레이션 진열을 하기 위해 진열 변경 방식에 따라 상품의 진열 위치와 면적을 결정하는 시스템인 모듈러 시스템(Modular System)을 운영하고 있다. 또한 진열 방식도 1차 포장박스 채 진열하는 RRP(Retail Ready Package)방식으로 판매 준비 완료 포장을 활용한다.

RRP방식은 무인판매 시스템과 다량의 상품 진열로 인건비를 절감하고 박리다매 전략의 일환이라고 볼 수 있다. RRP의 장점은 고객들이 상품을 식별하고 찾기 쉬우며 박스의 개봉이 편리하다는 것이다. 또한 진열의 정리 정돈과 보충을 쉽게 해주고 재고를 최소화하는 진열방식이다. 포장박스의 회수와 폐기가 쉽고 재생할 수 있는 특징이 있다.

RRP(Retail Ready Package)

RRP 진열은 비의류 매장의 생활용품과 가공식품 카테고리 영역에서 가장 많이 활용하고 있고, 곤돌라 선반집기와 팔레트(pallet) 상단에 진열할 때 유용하다. 비주얼 머천다이징에 있어 상품의 포장도 브랜드의 이미지와 상품의 식별력을 크게 좌우하는 요소인데, RRP는 상품의 내(內) 포장뿐만 아니라 그동안 보관과 이동, 하역에 관련된 물류에 치중되었던 외 포장에까지 디자인의 차별화를 두고 있다. 소비자와 판매자 입장에서는 편리한 진열 방식이지만 제조업체 입장에서는 외주가공과 포장 비용에 대한 부담이 발생하여 제조사와 브랜드는 이중의 고충을 주는 진열방식이다.

기본적으로 비의류 IP영역에서는 조닝(zoning, 도시 계획이나 건축 설계에서 공간을 사용 용도와 법적 규제에 따라 기능별로 나누어 배치하는 일)진열 위주와 그룹핑 진열을 한다. 조닝진열은 그룹화 된 상품들을 적재적소에 배치해서 진열 면적을 배분하는 진열 방법이다. 수직 진열과 수평 진열로 나누고 골든 존을 중심으로 상품을 배치하여 정수·정량 방식으로 진열한다. 의류의 IP영역에서 조닝진열 방식으로 전개하면 PP를 통해 상품의 용도와 활용법 등 무인 판매 방식에 따른 상품 설명의 부재 시에 적합한 디스플레이다. 국내 대형 마트에서의 PP의 적극적인 상품 디스플레이는 외국 창고형 할인점과의 차별화를 타나내는 대표적인 특징이다. 백화점이나 패션브랜드의 디스플레이 운영방식처럼 매장마다 정기적으로 관리하는 코디네이터들을 두고 새로운 상품들을 제시하고 있다.

대형 마트 디스플레이의 또 따른 특징은 판매촉진 목적으로 매장의 행사 분위기를 조성해주고 셀프서비스 방식의 원활한 쇼핑을 도와줄 수 있는 POP 디스플레이에 역점을 둔다는 것이다. 주로 생필품을 취급하고 셀프서비스를 운영하는 슈퍼마켓, 편의점과 같은 유사업태들의 디스플레이 표현의 공통점은 POP를 적극적으로 활용한다는 점이다. POP는 구매시점 광고로써 고객이 상품을 보고, 고르고, 비교하는 시점에서 상품과 관련된 정보와 행사 정보를 전달해주는 비주얼 메시지이다. POP종류는 가격을 알리는 쇼 카드, 행사

대형 마트 비주얼 머천다이징은 매스 머천다이징과 셀프 서비스 특징을 따라 시즌 또는 행사테마를 최대한 부각할 수 있게 POP를 많이 사용하고 디스플레이 디자인은 대량의 상품들을 일목요연하게 진열하고 판매원의 도움 없이도 상품의 효용성과 활용 방법을 쉽게 파악할 수 있게 명시성과 가시성을 높인 방법으로 표현한다.

내용을 알리고 매장의 분위기를 돋구어 판매 활성화로 조성하는 현수막과 배너가 있다. 디스플레이에서 POP를 많이 활용하게 된 시점은 컴퓨터 실사 출력이 출현한 1990년대 후반부터이다. 기존 디스플레이 소재들보다 활용 면에서 훨씬 저렴한 예산으로 최대의 효과를 볼 수 있어서 EDLP 가격 정책과 매스 마케팅을 하는 대형 마트와 같은 유통 업태에서의 POP 사용은 아주 유용한 비주얼 머천다이징의 표현 방법이다.

편의점

국내 편의점은 1988년 미국 사우스 랜드사의 세븐 일레븐이 처음 개설되었으며 CU, GS25, 이마트24, 미니 스탑 등이 대표적인 편의점 브랜드이다. 유통 업태 중에서도 점포 수가 급증하고 있는데 1인가구의 증가에 따른 소량 구매와 혼족들의 간편 식사 패턴에 따른 쇼핑 형태의 변화로 인해 편의점을 찾는 고객이 늘어나기 때문이다. 소비자와 근접한 입지 조건과 24시간 영업, 다양한 상품 구색 등과 더불어 편리성이라는 무형의 서비스까지 제공해주기 때문에 다점포화를 선도하는 대표적인 유통 업태로 손꼽는다. 고객 니즈에 맞춘 맞춤형 공간과 상품의 제공으로 지역 밀착 경영을 강화하고 있다.

고객 니즈에 맞춘 공간의 유형은 생활 밀착형, 상시 할인형, 슈퍼형, 카페형 등 지역 생활권 소비자들의 라이프 스타일을 반영하여 매장을 운영하고 있다. 또한 타 업종 간의 융

편의점 비주얼 머천다이징은 동종업태와 유사업태인 슈퍼마켓과의 차별화에 역점을 두어 파사드부터 즉시 브랜드를 인식할 수 있도록 BI요소를 적극 활용한다. 내부의 인테리어와 디스플레이는 매장의 규모가 협소한 관계로 연관성 있는 상품 배치와 레이아웃으로 원스톱 쇼핑의 특징을 살려주고 명시성이 강한 POP의 설치로 신속한 쇼핑을 도모한다.

합으로 콤플렉스 숍이 확대되고 있다.

편의점의 콤플렉스 숍은 문구, 도시락, 약국, 등 지역 상권에 소비자의 니즈에 부합하는 전략으로 차별화된 상품 및 서비스 개발로 편의점 고유의 아이덴티티를 확보하는 새로운 유형의 편의점이다. 전략적 차별화 상품에 있어 먹을거리 상품 카테고리를 확대하고 2010년 이후 딩크족(정상적인 부부 생활을 영위하면서 의도적으로 자녀를 두지 않는 맞벌이 부부)과 1인가구 수의 증가로 간편 조리 상품을 PB(Private Brand) 상품으로 개발하여 상품 MD(Merchandising)를 강화하고 있다.

편의점 비주얼 머천다이징의 초점은 경쟁 브랜드와의 차별화를 위한 방안으로 가시성과 명시성을 중요하게 다룬다는 점이다. 가시성과 명시성이 높은 업종인 주유소처럼 점포의 입지 조건이 해당 지역의 중심 상권이나 대로에 자리 잡고 있어 신속하게 눈에 띄어야 한다.

점포 규모는 작지만 효율적인 상품 레이아웃과 연계성 있는 상품 배치에 중점을 둔 디스플레이 디자인을 추구한다. 소비자의 생활권에 밀접해 있기 때문에 택배와 같은 민원서비스에서부터 현금 인출 서비스, 대중교통 충전 서비스 등 각종 서비스를 처리하는 곳이라는 점에서 한 곳에서 모든 문제를 해결할 수 있다는 장점을 부각시킬 수 있는 홍보가 이루어지고 있다. 대체로 매장 규모가 협소한 상황이기 때문에 IP영역마다 조닝진열과 함께 구매촉진용 POP인 와블러와 가격 표시 쇼 카드 POP를 적극적으로 활용되고 있다. 따라서 대형 마트 POP를 활용하는 것처럼 편의점 POP는 고객의 인지율을 높이는 데 주안점을 두고 개성 있는 BI로 차별화 전략을 진행하고 있다.

브랜드 전문점

브랜드 전문점은 브랜드를 상품 구분을 가늠하는 척도로 앞세우며 카테고리별 제품을 전문적으로 취급하는 소매점포를 말한다. 브랜드가 상품의 이름이고 브랜드의 인지도나 이미지가 상품의 파워이기 때문에 브랜드는 상당히 중요하다. 브랜드를 알려주는 BI는 주로 매장의 형태가 로드 숍과 백화점 내에 있는 숍 인 숍(shop in shop)에서 매장과 상품을 인지하게 해주는 중요한 요소이다.

브랜드 전문점 비주얼 머천다이징은 BI를 기반을 둔 인테리어와 그래픽, 디스플레이 디자인의 표현이 중요하다. 브랜드 비주얼과 차별화된 상품 디스플레이로 인해 고객에게 오래도록 좋은 이미지로 지속적인 관계성을 유지하기 때문이다.

BI를 기반으로 매장의 파사드와 인테리어, 집기, 소도구, 마네킹, 판매원 유니폼, 포장 백 등의 요소로 SI를 구체화시켜 자체 브랜드만의 독창적이고 차별화된 비주얼 머천다이징을 실현한다. 브랜드 전문점은 상품을 대표해서 판매하는 브랜드와 특정 품목이나 분야만을 취급하여 저렴한 가격 정책으로 상품을 판매하는 카테고리 킬러와 같은 유통 판매 방식을 내세우는 브랜드로 구분한다. 상품을 대표해서 판매하는 브랜드를 NB라고 하며 브랜드가 곧 상품을 대변하고 브랜드 속에는 상품과 아이디어, 서비스, 제조회사의 철학이 담겨있다. 브랜드를 가시화하여 BI와 SI를 통해 개성 있고 차별화 된 브랜드 이미지를 형성해주고 VP와 PP에서 상품 디스플레이로 경쟁 브랜드와 차별화를 시도한다.

카테고리 킬러

카테고리 킬러 브랜드는 특정 분야를 전문화하여 독점적인 상품 구색과 가격 할인, 신속한 상품 회전주기를 머천다이징의 핵심 전략으로 삼는다. 그리고 고객의 쇼핑 체험에 중점을 둔 시설과 편의에 초점을 둔 비주얼 머천다이징 전개와 카테고리별로 분류를 명확하게 하여 다양한 상품의 비교 선택을 용이하게 해주는 진열에 역점을 둔다. POP의 적극적인 활용으로 셀프서비스 판매 방식과 저렴한 가격 정책

카테고리 킬러 브랜드 전문점 비주얼 머천다이징은 카테고리별 매장 레이아웃을 통해 상품 접근성을 신속하게 유도하고 셀프서비스 방식에 따른 상품 정보와 가격에 대한 고지를 명확하고 두렷하게 알려주는데 역점을 두며 전문분야를 특화하는 매장으로서의 연관 중심 오브제의 데코레이션 표현도 브랜드 차별화의 주요한 항목이다.

을 매장에서 전달하는 방식으로 인스토어 프로모션(In Store Promotion)에 비중을 많이 둔다.

전통시장

전통시장은 1990년대까지도 소비자들과 친근한 쇼핑 공간으로 대표적인 국내 유통 업태이었으나, 다양한 현대식 유통 업태들이 속속히 나타나는 현 상황에서 그에 대응할 만한 전략을 갖추지 못하고 예전부터 전수되어 온 재래 방식으로 판매를 해오고 있다 보니 경쟁력에서 밀리고 있고, 그에 따라 공시율 50퍼센트 이상인 시장들이 속속히 나타나고 있다. 특히 시장 인근 지역에 대형 마트와 SSM의 진출로 더욱 어려운 상황에 직면하고 있다. 이러한 상황을 극복하고자 2005년에 정부에서 시장을 살리려는 방안으로 시장경영진흥원을 설립하고 2014년 소상공인진흥원과 통합하여 소상공인시장진흥공단으로 발족하여 지속적으로 시장과 시장 내 개별 점포를 대상으로 전통시장 살리기 정책과 전략을 펼치고 있다.

전통시장의 비주얼 머천다이징은 지역 주민과의 소통을 위한 친숙한 이미지를 적극 활용하고, 시설의 현대화와 개별 상점의 매장 환경 개선을 목적으로 매장 디스플레이에 역점을 두고 있다. 시설의 현대화 방안으로 아케이드 설치와 화장실 개선, 주차장.완비 등 시설을 개선하고 확충하여 소비자들의 집객 효과를 도모하고 있다. 또한 볼거리, 먹을거리, 즐길거리를 만들고 사람들이 북적거리며 정이 느껴지는 전통시장 고유의 이미지를 살릴 수 있는 행사와 프로그램 개발에 힘쓰고 있다. 시장 구성상 다양한 업종이 몰려 있고 상점과 노점이 공존하고 있어 처음부터 계획적인 업종 배치와 환경 조성이 안 된 상황이지만 개별 점포마다 환경 개선과 상품 진열에 힘쓰고 있으며 주문식 판매 방식에서 제안식

전통시장의 비주얼 머천다이징은 전통시장의 친숙한 이미지를 미적으로 표현하고 시설의 현대화와 함께 편리한 쇼핑을 할 수 있도록 환경개선과 디자인에 역점을 두고 항상 이벤트가 있는 볼거리 있는 대중의 쇼핑 공간조성에 중점을 둔다.

판매 방식으로 전환하면서 변화된 모습을 보여주고 있다. 개별 점포의 개선 방안으로 점차 환경과 시설에 대한 상인들의 투자를 긍정적으로 이끌어내어 간판과 점두판매대를 교체하고 매장의 청결관리는 물론 상품 수량의 조절과 진열의 기본을 적용하여 정돈된 전통시장만의 디스플레이를 보여주고 있다. 대부분의 판매가 점두에서 이루어지기 때문에 매

장 입구에서 소비자의 관심과 상품을 소구할 수 있는 진열
과 POP의 활용이 적극적으로 요구된다. 무엇보다 다른 유
통 업태들과의 경쟁에서 살아남기 위해서는 개별 점포 상인
들의 인식 변화가 급선무이므로 상인 교육과 병행해서 전문
디스플레이 디자이너들의 점포 지도하에 시장형 디스플레
이 디자인이 진행되고 있다.

비주얼 머천다이징의 경향

　최근에는 유통 환경과 산업의 글로벌화로 세계 경제의 불확실성이 증가하면서 소비 심리가 위축되고, 유통의 개방화로 인해 해외 유명 브랜드가 몰려와 국내 유통 업태마다 자구책 마련에 고심하고 있다. 또한 유통의 선진화와 다양한 라이프 스타일로 인해 소비자의 쇼핑 기호가 수시로 바뀌고 있어 비주얼 머천다이징의 목적인 '독창적이고 신뢰를 줄 수 있는 아이덴티티 구축과 경쟁점과의 차별화를 어떻게 끌어낼 것인가'가 유통 업태의 중대한 과제이다. 이러한 과제를 풀기 위해서 매장을 중심으로 대안을 제안하고 비주얼 머천다이징의 목표를 향해 전진하고 있다.

매장은 단순히 기업이 제공하는 상품과 서비스, 아이디어만을 교환하는 장소가 아니라 브랜드를 알리고 브랜드의 철학과 정신을 고객의 마음에 깊숙이 심어주며, 최대한 고객과 밀접하게 만나기 위한 공간이다. 이러한 차원에서 여러 가지 유형의 콘셉트 스토어(Concept Store)가 생기고 있다. 플래그십 스토어(Flagship Store), 팝업 스토어(Pop up Store), 편집 숍, 콤플렉스 숍(Complex shop) 등이 콘셉트가 강한 대표적인 유형의 매장들이다.

플래그십 스토어

플래그십 스토어는 1990년대 중반 명품 브랜드에서 시작된 콘셉트 스토어로 '플래그십'은 깃대, 즉 여러 브랜드를 대표하는 매장에 깃대를 꽂는다는 것을 비유한 용어다. 플래그십 스토어는 한 브랜드의 여러 라인의 제품과 대표적인 주력 상품을 한 곳에 모아 판매하는 매장으로 브랜드를 소비하는 감각 경험 위주의 일반 매장과 차이를 두어 최신 유행과 관련된 체험 기회를 제공하면서 브랜드 인지도를 높인다. 플래그십 스토어는 유명한 건축가나 인테리어 디자이너, 브랜드 간의 협업으로 건축적인 공간과 디자인을 앞세워 명품 브랜드의 명성을 보여주고 새로운 패러다임으로 등장하였다. 또한 넓은 공간과 브랜드의 이미지를 반영하는 인테리어

프라다 에피센터

장식으로 브랜드가 지향하는 이미지를 극대화한 대형 거두점으로 비주얼 머천다이징에서 추구한 브랜드의 일관된 이미지를 보여주는 방식에서 벗어나 브랜드만의 고급과 개성을 추구하고 공간 디자인과 상품의 유명세를 대표하는 독특하고 창의적인 이미지를 보여준다.

매장의 입지 상황이 대도시 중심상권에서 제일 좋은 위치에 대형 거두점으로 자리 잡고 있어서 명품 브랜드뿐만 아니라 대기업이나 SPA(Speciality store retailer of Private label Apparel) 신개념 유통업체들도 플래그십 스토어를 만들어 고객으로 하여금 브랜드와 상품을 체험할 수 있는 공간으로 갖추고 있다. 해외 명품 브랜드의 플래그십 스토어는 나라마다 문화적인 특성과 시장성에 따라 차별화된 형태를 나타내고, 프라다의 뉴욕 에피센터를 거점으로 LA와 도쿄에 특색 있고 상징적인 플래그십 스토어를 만들어 해당 도시의 랜드마크로 인식되게 되었다. 국내 플래그십 스토어도 명동과 강남역 주변 중심상권과 대형 복합 쇼핑몰에 대거 입점되어 있다.

팝업 스토어

컴퓨터 팝업 창처럼 일시적으로 열었다가 사라지는 팝업 스토어(pop-up store)는 모름지기 한 자리에서 오래도록 자리하여 고객을 모아야 성공할 수 있다는 인식에서 벗어나 고객이 모일 수 있는 곳이라면 어디든지 찾아가는 이동이 가능한 소규모의 파격적인 매장 형태이다. 일주일 전에 있던 매장이 오늘 다시 찾았을 때는 사라져버린 팝업 스토어는 그 콘셉트 자체가 흥미롭다. 템퍼러리 스토어(Temporary Store) 또는 게릴라 매장이라고 한다. 백화점에 입점한 브랜드들이 백화점 정문에서 신상품을 소개한다든지 기획 상품을 선보이기도 한다.

팝업 스토어는 백화점 PB를 홍보하는 차원에서 시작하였고, 차츰 장소의 영역을 벗어나 브랜드의 타깃에 적합한 지역으로 차량을 이용하여 찾아다니면서 브랜드의 인지도를 높이고 상품을 판매하며 신상품인 경우에는 직접 시연을 통해 소비자에게 체험하도록 하여 소비자에게 친밀하게 접근

다양한 유형의 팝업 스토어

하는 적극적인 판매 촉진 활동을 펼치고 있다. 최근에는 팝업 스토어가 유행처럼 번지며 그 모습도 진화하고 있다. 단순히 제품을 나열한 한시적인 매장에서 나아가 새로운 형식으로 구성된 콘셉트를 선보이는 것은 물론 패션·뷰티 분야에서 벗어나 자동차·IT에 이르기까지 다양한 분야에서 이색 팝업 스토어가 펼쳐지고 있다.

편집 숍

공통된 패션 스타일과 콘셉트를 지닌 특정 아이템들로 상품 구성이 된 매장으로 특정매입 위주였던 백화점에서는 새로운 자체 머천다이징을 통해 상품을 직매입하여 매장을 구성하고 있다. 편집 숍은 2005년 프리미엄 데님의 부흥기에 발맞춰 생겨났고 매장을 총괄하는 디렉터의 능력에 따라 상품 구성력이 좌우되는 새로운 트렌드를 보여준다. 처음에는

데님 편집 숍

동일한 아이템으로 구성된 브랜드들을 모아서 운영하였으
나 해당 브랜드의 판매원들이 고객보다 많을 정도로 북적거
려 진정한 의미의 편집 숍이 아니었다.

그러나 차츰 편집 숍에서는 어디서도 보지 못한 상품을
선보인 재능 있는 신진 디자이너들의 등용문이 되기도 하고,
해외 유명브랜드의 상품을 직수입하여 바이어의 머천다이
징에 따라 운영되는 편집 숍으로써 판매 상품의 명확한 콘
셉트를 가진 매장으로 특징을 나타내고 있다. 편집 숍은 백
화점뿐만 아니라 대부분 상품을 직매입하는 대형 마트에서
도 소비자의 라이프 스타일에 적합한 상품을 모은 편집 숍
이 운영되고 있다.

콤플렉스 숍

콤플렉스 숍(complex shop)은 업종이 융합되는 유형의 매장

으로 한 판매 공간에서 성격이 완전히 다른 상품을 파는 단순한 형태의 메뉴 복합화에서 한걸음 나아가 '외식업+소매업'을 한 가게에 융합한 업종 복합화나 '소매업+서비스업'을 함께 제공하는 새로운 형태의 매장을 말한다. 특히 편의점에서 신규 고객 유입과 점포 효율 증가를 위한 새로운 콘셉트 편의점(New Concept Convenience Store)의 형태로 지속적으로 오픈하고 있다. 문구의 대표적인 브랜드와 융합하기도 하고 HMR(Home Made Ready) 상품군을 강화할 수 있는 도시락 브랜드와의 융합으로 편의점이 과밀화될수록 복합형 점포로 확대하고 있다. 아울러 동일 브랜드에서 개점을 상권별로 분리하여 차별된 콘셉트의 슈퍼형, 카페형, 베이커리형 등의 고객 만족형 매장으로 기존 슈퍼마켓과 신규 SSM(Super Super Market)과의 경쟁에서 차별화를 꾀하고 있다. 이외에도 의약품만을 취급하던 약국도 건강과 미용에 관련된 상품 구

콤플렉스 숍

성으로 신개념의 복합점을 오픈하고 있다. 복합점 중에서도 가장 많이 형성된 복합점은 카페형이다. 스타벅스를 통해 카페문화가 형성되면서 업종을 불문하고 카페형을 내세우며 새로운 복합점을 개설하고 있어 매장의 역할이 모임의 장소로 전환되고 있음을 볼 수 있다.

맺음말

비주얼 머천다이징을 처음 도입할 때는 소매 유통 업태와 브랜드에서 이미지를 구축하여 정체성을 확립하고 그에 따른 가시화 작업에 디자인과 판촉 활동을 통해 경쟁점과의 차별화에 중점을 둔 소매점 간의 경쟁이었다고 한다면, 앞으로 전개되는 비주얼 머천다이징은 소비자가 중시하는 가치에서 차별적 우위를 확보하고 고객을 만족하게 할 수 있는 머천다이징이 실현되는 매장 만들기와 다양한 유통 채널을 아우를 수 있는 콘셉트와 매니지먼트, 운영으로 협업의 중요성을 인식하며 실천하는 형태가 되어야 한다. 또한 오프라인에서만의 경쟁이 아니라 온라인 상에서 가시화 작업을 통해 동일한 콘셉트와 일관성이 있는 비주얼로 차별화된 모습을 나타내야 하는 상황이다.

소비자가 진정한 자사의 고객이 될 수 있는 그날까지 소비자의 입장에서 소비자가 중요시하는 가치를 끊임없이 연구하고 실천하는 기업과 브랜드가 진정한 승자가 될 것이며 바로 이점이 비주얼 머천다이징의 목표이다.

참고문헌

강희수, 「비주얼 머천다이징과 디스플레이 디자인의 관계성과 표현 전략 연구」, 대한 전시디자인학회 연구논문, 2011.

김강화, 「Visual Merchandising의 전략과 구조」, 유통저널, 2009.

마틴 린드스트롬, 『오감 브랜딩』, 랜덤하우스 중앙, 2006.

박승환, 최철재, 『소비자 행동론』, 도서출판 대경, 2008.

배갑숙, 할인점의 「VMD(Visual Merchandising) 연출계획에 관한 연구」, 홍익대학교 건축도시대학원, 1999.

심낙훈, 『비주얼 머천다이징 & 디스플레이』, 우용출판사, 1997.

심낙훈, 『팔리는 매장을 위한 디스플레이 마케팅』, 도서출판 국제, 2002.

이유재, 허태학, 『고객가치를 경영하라』, 21세기 북스, 2007.

임종원 외 3인, 『소비자 행동론』, 경문사, 1994.

앨런 아담스, 『브랜드 심플』, 비즈니스 맵, 2008.

장노엘 캐러피, 『브랜드와 유통의 전쟁』, 김앤김북스, 2008.

파코 언터힐, 『쇼핑의 과학』, 세종서적, 2000.

토마스 하인, 『쇼핑의 유혹』, 세종서적, 2003.

한나영, 『하트 숍(Heart shop)』, 도서출판 해바라기, 2005.

한동철, 『머천다이징』, 우용출판사, 2005.

한효정, 김주연, 「브랜드 체험 수단으로서 플래그 십 스토어 공간디자
  인에 관한 연구」, 한국실내디자인 학회 15호, 2006.

허철무, 『소매업 머천다이징』, 한국체인스토어협회 출판부, 2006.

유통 산업 전망세미나 자료, 대한상공회의소, (사)한국유통학회, 2012.

프랑스엔 〈크세주〉, 일본엔 〈이와나미 문고〉, 한국에는 〈살림지식총서〉가 있습니다.

비주얼 머천다이징 & 디스플레이 디자인

펴낸날	초판 1쇄	2012년 6월 8일
	초판 2쇄	2015년 6월 4일
	개정판 1쇄	2019년 5월 2일

지은이	강희수
펴낸이	심만수
펴낸곳	(주)살림출판사
출판등록	1989년 11월 1일 제9-210호

주소	경기도 파주시 광인사길 30
전화	031-955-1350 팩스 031-624-1356
홈페이지	http://www.sallimbooks.com
이메일	book@sallimbooks.com

ISBN	978-89-522-1867-4 04080
	978-89-522-0096-9 04080 (세트)

122 모든 것을 고객중심으로 바꿔라 eBook

안상헌(국민연금관리공단 CS Leader)

고객중심의 서비스전략을 일상의 모든 부분에 적용해야 한다는
가르침을 주는 책. 나 이외의 모든 사람을 고객으로 보고 서비스가
살아야 우리도 산다는 평범한 진리의 힘을 느끼게 해 준다. 피뢰침
의 원칙, 책임공감의 원칙, 감정통제의 원칙, 언어절제의 원칙, 역
지사지의 원칙이 사람을 상대하는 5가지 기본 원칙으로 제시된다.

233 글로벌 매너

박한표(대전와인아카데미 원장)

매너는 에티켓과는 다르다. 에티켓이 인간관계를 원활하게 해주
는 사회적 불문율로서의 규칙이라면, 매너는 일상생활 속에 에티
켓을 적용하는 방식을 말한다. 삶을 잘 사는 방법인 매너의 의미를
설명하고, 글로벌 시대에 우리가 기본적으로 갖추어야 할 국제매
너를 구체적으로 소개한 책. 삶의 예술이자 경쟁력인 매너의 핵심
내용을 소개한다.

350 스티브 잡스 eBook

김상훈(동아일보 기자)

스티브 잡스는 시기심과 자기과시, 성공에의 욕망으로 똘똘 뭉친
불완전한 사람이었다. 하지만 동시에 강철 같은 의지로 자신의 불
완전함을 극복하고 사회에 가치 있는 일을 하고자 노력했던 위대
한 정신의 소유자이기도 하다. 이 책은 스티브 잡스의 삶을 통해
불완전한 우리 자신에 내재된 위대한 본성을 찾아내고자 한다.

352 워렌 버핏 eBook

이민주(한국투자연구소 버핏연구소 소장)

'오마하의 현인'이라고 불리는 워렌 버핏. 그는 일찌감치 자신의
투자 기준을 마련한 후, 금융 일번지 월스트리트가 아닌 자신의 고
향 오마하로 와서 본격적인 투자사업을 시작한다. 그의 성공은 성
공하는 투자의 출발점은 결국 자기 자신이라는 점을 보여 준다. 워
렌 버핏의 삶을 통해 세계 최고의 부자는 어떻게 만들어지는가를
살펴보자.

145 패션과 명품　　eBook

이재진(패션 칼럼니스트)

패션 산업과 명품에 대한 이해를 돕는 책. 샤넬, 크리스찬 디올, 아르마니, 베르사체, 버버리, 휴고보스 등 브랜드의 탄생 배경과 명품으로 불리는 까닭을 알려 준다. 이 밖에도 이 책은 사람들이 명품을 찾는 심리는 무엇인지, 유명 브랜드들이 어떤 컨셉과 마케팅 전략을 취하는지 등을 살펴본다.

434 치즈 이야기　　eBook

박승용(천안연암대 축산계열 교수)

우리 식문화 속에 다채롭게 자리 잡고 있는 치즈를 여러 각도에서 살펴 본 작은 '치즈 사전'이다. 치즈를 고르고 먹는 데 필요한 아기자기한 상식에서부터 나라별 대표 치즈 소개, 치즈에 대한 오해와 진실, 와인에 어울리는 치즈 선별법까지, 치즈를 이해하는 데 필요한 지식과 정보가 골고루 녹아들었다.

435 면 이야기　　eBook

김한송(요리사)

면(국수)은 세계 각국으로 퍼져 나가면서 제각기 다른 형태로 조리법이 바뀌고 각 지역 특유의 색깔이 결합하면서 독특한 문화 형태로 발전했다. 칼국수를 사랑한 대통령에서부터 파스타의 기하학까지, 크고 작은 에피소드에 귀 기울이는 동안 독자들은 면의 또 다른 매력을 발견할 수 있을 것이다.

436 막걸리 이야기　　eBook

정은숙(기행작가)

우리 땅 곳곳의 유명 막걸리 양조장과 대폿집을 순례하며 그곳의 풍경과 냄새, 무엇보다 막걸리를 만들고 내오는 이들의 정(情)을 담아내기 위해 애쓴 흔적이 역력하다. 효모 연구가의 단단한 손끝에서 만들어지는 막걸리에서부터 대통령이 애호했던 막걸리, 지역 토박이 부부가 휘휘 저어 건네는 순박한 막걸리까지, 또 여기에 막걸리 제조법과 변천사, 대폿집의 역사까지 아우르고 있다.

253 프랑스 미식 기행 eBook

심순철(식품영양학과 강사)

프랑스의 각 지방 음식을 소개하면서 거기에 얽힌 역사적인 사실과 문화적인 배경을 재미있게 소개하고 있다. 누가 읽어도 프랑스 음식문화에 대해 어느 정도 이해할 수 있도록 복잡하지 않게, 이야기하듯 쓰인 것이 장점이다. 프랑스로 미식 여행을 떠나고자 하는 이에게 맛과 멋과 향이 어우러진 프랑스의 역사와 문화를 소개하는 책.

132 색의 유혹 색채심리와 컬러 마케팅 eBook

오수연(한국마케팅연구원 연구원)

색이 인간에게 미치는 영향과 이를 이용한 컬러 마케팅이 어떤 기법으로 발전했는가를 보여 준다. 색은 생리적 또는 심리적 면에서 사람들에게 많은 영향을 미친다. 컬러가 제품을 파는 시대'의 마케팅에서 주로 사용되는 6가지 대표색을 중심으로 컬러의 트렌드를 읽어 색이 가지는 이미지의 변화를 소개한다.

447 브랜드를 알면 자동차가 보인다

김흥식(「오토헤럴드」 편집장)

세계의 자동차 브랜드가 그 가치를 지니기까지의 역사, 그리고 이를 위해 땀 흘린 장인들에 관한 이야기. 무명의 자동차 레이서가 세계 최고의 자동차 브랜드를 일궈내고, 어머니를 향한 아들의 효심이 최강의 경쟁력을 자랑하는 자동차 브랜드로 이어지기까지의 짧지 않은 역사가 우리 눈에 익숙한 엠블럼과 함께 명쾌하게 정리됐다.

449 알고 쓰는 화장품 eBook

구희연(3020안티에이징연구소 이사)

화장품을 고르는 당신의 기준은 무엇인가? 우리는 음식을 고르듯 화장품 선택에 꼼꼼한 편인가? 이 책은 화장품 성분을 파악하는 법부터 화장품의 궁합까지 단순한 화장품 선별 가이드로써의 역할이 아니라 궁극적으로 당신의 '아름답고 건강한 피부'를 만들기 위한 지침서다.

eBook 표시가 되어있는 도서는 전자책으로 구매가 가능합니다.

(주)살림출판사
www.sallimbooks.com
주소 경기도 파주시 문발동 522-1 | 전화 031-955-1350 | 팩스 031-955-1355